星际日记

指导用书

著者: [英]奥利维亚·约翰逊
译者: 马於野

CTS K 湖南科学技术出版社·长沙

First published 2020
by Curved House Kids Ltd
61 Bridge Street
Kington, HR5 3DJ
United Kingdom
www.thecurvedhouse.com
info@thecurvedhouse.com

Written by Lucy Hawking with Kristen Harrison, Lucie Stevens and a team
of primary educators : Paul Cameron, Hannah Chivers, Laura Cowan,
Ceri DeRoy-Jones, Liz Grant, Claire Loizos, Heather MacRae, Sean
Monaghan and Nicola Sivier
Illustrated by Ben Hawkes
Designed by Alice Connew
Typeset by Constantin Nimegean
Editorial Management by Lucie Stevens
Maze by Jan Boström/JGB Services

Acknowledgements
The Principia Space Diary was developed with support from the UK Space
Agency and European Space Agency astronaut, Tim Peake. Special thanks
to Susan Buckle, Lorraine Conroy, Jeremy Curtis, Libby Jackson, Professor
Peter McOwan (Queen Mary University London) and to all the inspiring
STEM experts featured in this book.

A CIP record for this book is available from the British Library.
ISBN 978-1-913269-13-5

discoverydiaries.org

WITH SPECIAL THANKS TO

European Space Agency

编辑前言

《太空日记》系列是英国著名作家露西·霍金为7至11岁的学生创作的一套趣味科学课程。

因本系列丛书引进自英国，原版的网址链接等信息资源我们已下载，以便中国读者查阅和使用（详见本书结尾处的二维码）。即便如此，仍有极少数原版英国网站中的内容我们无法顺利获取或未确权，该部分内容读者可访问书中网址链接自行下载和浏览。

为尊重原著和保护读者查找信息的权利，本书中所有英国网站均作了保留，正文中不再逐一说明，请大家以原文中的网址链接和本书二维码中的数字内容为准。

衷心感谢读者朋友们的理解，希望读者们如愿开启太空之旅。

目录

区分

方便检索

第一章：
宇航员训练营！

第二章：
望远镜培训

第三章：
为探索而生

第四章：
外太空之旅

第五章：
惊天大发现

第六章：
太空新闻

简介

关于本课程

60 余小时的 STEM 活动安排，教学笔记全面覆盖

《星际日记》是一门免费的小学 STEM（科学，技术，工程，数学）课程，广泛结合了 STEM 课程与其他学科的内容。通过可视化、创造性和个性化的教学方式为非专业教师和学生赋能，对学生兴趣或能力基础没有特殊要求。本书是《太空日记》系列丛书的第三册，课程包括 25 项以詹姆斯·韦布（James Webb）空间望远镜为主题的教学活动。本书配有全面的教学笔记、课程计划、教学时间安排表、量身定制的课程指南、差异化教学思路以及数字和网络资源，确保教学的灵活高效。

《星际日记》专门为小学四至六年级学生设计，由各行各业的 STEM 专家共同创作，主要作者是奥利维亚·约翰逊博士（Dr Olivia Johnson），本书还了获得了科学和技术设施理事会（STFC）和欧洲航天局（ESA）宇航员提姆·匹克（Tim Peake）的大力支持。

围绕"建造世界上最强大的望远镜并观察宇宙"的主题，在培养科学能力的同时，书中每项活动都将 STEM 主题与其他学科（如英语、艺术／设计或历史等）结合在一起。这种跨学科的学习方法让那些对该领域缺乏信心的学生更容易接受，也为教师甄选教学资料提供了一定的灵活性。

如何使用本书

可为学生提供差异化的支持和挑战

揭开宇宙秘密所需的一切知识都在这本书里。本书共分六章，将带你的学生使用詹姆斯·韦布空间太空望远镜探索太空。学生将学习天文学的历史，探索我们的太阳系，了解光线、光谱和红外线，甚至设计自己的望远镜。每项活动都设计成灵活且独立的单元，所以你既可以按顺序教学，也可以任意挑选那些适合你现有教学计划的内容。

你将会发现《星际日记》中每章的每项教学活动都附有可随时打印的教学笔记，提供了背景知识、教学建议、课堂提问、拓展活动和教学小贴士等内容。书中还为你提供了课程所需的资料清单，以及可以获得更多资源的有效链接。

每套教学笔记都配有相应拓展活动

我们深知教育工作者的忙碌，所以我们开发了一些资源来简化你的备课工作。比如在教师工具包中，你会发现几份教学时间安排表，分别适用于一个星期、半个学期或者一个学期的教学安排。当然你还可以找到一些空白的课程计划表，以及巩固学生所学内容的反馈表。

"学生都很喜欢这门课。课程中的互动元素让他们从一开始就十分投入。课程的时间安排也十分高效、内容灵活，能够兼顾能力优秀和基础较差的学生，以合适自己的速度取得进步。"

——艾米·布罗德曼，小学教师

引导并激励学生

《星际日记》是深受学生欢迎的个性化工作簿，它能鼓励学生主动、持续地参与课程，并给学生（和老师）保留一份珍贵的记录。本课程备有任务徽章，你可以在每一章节完成后奖励给学生。

量身定制的课程指南

针对英格兰、北爱尔兰、苏格兰和威尔士的情况，我们为在英国的教育工作者准备了个性化版本的课程指南，将每个教学活动与当地的课程衔接起来。该指南还包含差异化的教学思路，给需要的学生提供帮助，给有余力的学生提供提升空间。请从 discoverydiaries.org 下载该指南，网站上还有丰富的辅助材料供你使用。

我们的课程行之有效

《太空日记》系列图书项目融合了可视化、多模式、跨学科的学习方法，确保每一个学生都能找到一个进入复杂 STEM 主题的入口。课程鼓励学生去想象、提问、研究、展示、分析和解决问题，并像科学家一样去思考。这种独特的、全面的方法确保每个学生都能充分地参与进来，并相互协作。个性化的日记系列以及任务徽章，对学生的努力付出给予肯定，并鼓励他们更深入、持续地参与 STEM 课程。

《太空日记》项目是在英国航天局的大力支持下，基于以欧洲航天局宇航员提姆·匹克为主角的《原理号太空日记》的诞生过程开发建立的。在对提姆·匹克主题教育推广任务的评估中，英国航天局特别将《太空日记》列为三个最优秀的教育项目之一。

新颖原创的众多视频，包括提姆·匹克本人出镜

不间断支持的定期时事通讯

教师工具包

教师工具包包含一系列帮助你规划、组织和评估《星际日记》课程的资料。按照书中推荐的教学时间安排表，可以组织一个星期、半个学期或者整个学期的课程。参考书中的课程指南，可以了解每一项教学活动如何衔接你所在地区的课程。空白课程计划模板，可以用来为每节课做准备，而书中大量的反馈表可以协助你评估学生的理解程度。

你可以在本书中找到教学时间安排表和空白模板。登录 discoverydiaries.org 网站还可获取其他资源，包括任务徽章和完成证书，以认证学生在整个课程中取得的进步。

本章内容

课程概况

教学时间安排表

课程计划模板

学生反馈表

词汇游戏模板

学生作文规划模板

专家面对面

课程关联快速指南

课程编号	活动内容	时长	小学科学/科学方法	数学/计算能力	英语/读写能力	计算机	设计与技术 D&T	地理	历史	艺术与设计 A&D	精神、道德、社会和文化（SMSC）
活动 1.1	目标：星辰大海	45分钟	✓							✓	✓
活动 1.2	夜空	60分钟	✓	✓				✓	✓		✓
活动 1.3	古代天文学	60分钟	✓		✓				✓	✓	
活动 1.4	星空使者	60分钟	✓						✓		
活动 1.5	外太空小测验	15分钟	✓		✓						
活动 2.1	光线，镜子，动起来	60分钟	✓				✓				
活动 2.2	制作七彩色轮	45分钟	✓	✓			✓				
活动 2.3	彩虹的配方	30—60分钟	✓				✓			✓	✓
活动 2.4	红外线自画像	60—90分钟	✓	✓						✓	
活动 3.1	太空蓝图	60分钟	✓	✓							
活动 3.2	超级镜面工程师	30—60分钟	✓	✓			✓				✓
活动 3.3	保持低温状态	60—120分钟	✓							✓	
活动 3.4	打包装货	60—120分钟	✓				✓				
活动 4.1	停泊技能	30分钟	✓			✓					
活动 4.2	解码外太空	30—45分钟	✓	✓	✓	✓					✓
活动 4.3	校准望远镜	45分钟	✓								
活动 5.1	最初的发现	30—60分钟	✓								
活动 5.2	数据"侦探"	45分钟	✓			✓					
活动 5.3	为宇宙画像	30—60分钟	✓		✓					✓	✓
活动 6.1	外太空日报	120—180分钟	✓		✓					✓	✓
活动 6.2	外太空图解词典	陆续添加	✓		✓					✓	✓
各章	词汇找找看	15分钟	✓								✓

教学时间安排表：太空主题周

一个沉浸式、跨学科的太空主题周

太空日记

	星期一 天文学家训练营	星期二 探索宇宙	星期三 外太空之旅	星期四 惊天大发现	星期五 外太空记者
早晨	介绍（15分钟） **活动 1.1** 目标：星辰大海（45分钟） **活动 1.2** 夜空（60分钟）	**活动 2.3** 彩虹题的配方（30—60分钟） **活动 2.4** 红外线自画像（60—90分钟） 第二章 词汇找找看	**活动 3.4** 打包装货（60—120分钟） 第三章 词汇找找看	**活动 5.3** 为宇宙画像（30—60分钟） 第五章 词汇找找看	**活动 6.1** 外太空日报（90分钟）第二、三部分
课间休息					
上午	**活动 1.3** 古代天文学（60分钟） **活动 1.4** 星空使者（60分钟） 反馈、问答环节	**活动 3.1** 太空蓝图（60分钟） **活动 3.2** 超级镜面工程师（30—60分钟）	**活动 4.1** 停泊技能（30分钟） **活动 4.2** 解码外太空（30—45分钟） **活动 4.3** 校准望远镜（45分钟）	**外太空复习** 为学生提供书籍或互联网访问，允许学生在一周内整理/扩展本周所学内容。 **活动 6.2** 外太空图解词典	**任务汇报** 分享、反馈、问答环节。学生可以利用这段时间做一个关于他们本周所学内容的介绍，并在下午向家长展示。
午餐					
下午	**活动 1.5** 外太空小测验（15分钟） **活动 2.1** 光线、镜子、动起来（60分钟） **活动 2.2** 制作七彩色轮（45分钟）	**活动 3.3** 保持低温状态（60—120分钟）	第四章 词汇找找看 **活动 5.1** 最初的发现（30—60分钟） **活动 5.2** 数据"侦探"（45分钟）	**活动 6.1** 外太空日报（90分钟）第一、二部分	邀请家长参加分享会。让学生展示他们的作品和发现。
家庭作业（可选）	观星/观月：走出家门，去看看星星。你能找到某个星座、卫星或国际空间站吗？	制作你自己的望远镜	灵感源于太空的艺术创作	灵感源自太空的创意写作	

太空日记

教学时间安排表：未个学期

未个学期每周90—120分钟科学课

	活动建议	课程关联	家庭作业（可选）
第一周	介绍《星际日记》（15分钟） 活动 1.1 目标：星辰大海（45分钟）　活动 1.2 夜空（60分钟）	英语、数学、科学工作法	灵感源于太空的艺术创作
第二周	活动 1.3 古代天文学（60分钟） 活动 1.4 星空使者（60分钟） 活动 1.5 外太空小测验（15分钟）	英语、数学、科学、科学工作法、设计与技术（道德、社会和文化）	制作你自己的太阳系模型
第三周	活动 2.1 光线、镜子，动起来（60分钟） 活动 2.2 制作七彩色轮（45分钟）	英语、数学、科学、科学工作法（道德、社会和文化）	制作你自己的望远镜，准备一个关于光的魔术
第四周	活动 2.3 彩虹的配方（30—60分钟） 活动 2.4 红外线自画像（60—90分钟） 第二章 词汇找找看	英语、数学、科学、科学工作法（道德、社会和文化）	研究红外线成像及其应用
第五周	活动 3.1 太空蓝图（60分钟） 活动 3.2 超级镜面工程师（30—60分钟）	英语、数学、科学、科学工作法	写一篇作文，展示对詹姆斯·韦布空间望远镜的研究
第六周	活动 3.3 保持低温状态（60—120分钟） 第三章 词汇找找看	英语、数学、科学、科学工作法（道德、社会和文化）	创作一首太空主题的诗歌
第七周	活动 4.1 停泊技能（30分钟） 活动 4.2 解码外太空（30—45分钟） 活动 4.3 校准望远镜（45分钟） 第四章 词汇找找看	英语、数学、科学、科学工作法、地理、计算机、历史	创建你自己的太空电报码
第八周	活动 5.1 最初的发现（30—60分钟） 活动 5.2 数据"侦探"（45分钟） 活动 5.3 为宇宙画像（30—60分钟）	英语、数学、科学、科学工作法、艺术、计算机、历史	梳理望远镜历史的时间轴
第九周	第五章 词汇找找看 活动 6.1 外太空日报（90—120分钟） 任务汇报	英语、科学、科学工作法、计算机	独立进行模型制作和研究

教学时间安排表：一个学期

整学期每周安排60分钟科学课

太空日记

	活动建议	课程关联	家庭作业（可选）
第一周	介绍《星际日记》（15分钟） 活动 1.1 目标：星辰大海（45分钟）	英语、数学、科学方法	
第二周	活动 1.2 夜空（60分钟） 活动 1.3 古代天文学（60分钟）	英语、数学、科学、科学方法（道德、社会和文化）	制作你自己的太阳系模型
第三周	活动 1.3 古代天文学 活动 1.4 星星使者（60分钟）	英语、数学、科学、科学方法（道德、社会和文化）	观星：到户外观察夜空/月亮
第四周	活动 1.5 外太空小测验（15分钟） 活动 2.1 光线、镜子、动起来（60分钟）	英语、数学、科学、科学方法	制作你自己的望远镜，准备一个关于光的魔术
第五周	活动 2.2 制作七彩色轮（45分钟） 活动 2.3 彩虹的配方（30—60分钟）	英语、数学、科学、科学方法（道德、社会和文化）	写一篇作文，展示对詹姆斯·韦布空间望远镜的研究
第六周	活动 2.4 红外线自画像（60—90分钟） 第二章 词汇找找看	英语、数学、科学、科学方法、地理、计算机、历史	灵感源于太空的艺术创作
第七周	活动 3.1 太空蓝图（60分钟） 活动 3.2 超级镜面工程师（30—60分钟）	英语、数学、科学、科学方法	独立进行模型制作和研究
第八周	活动 3.3 保持低温状态（60—120分钟）	英语、数学、科学、地理	研究红外线成像及其应用
第九周	第三章 词汇找找看 活动 4.1 停泊技能（30分钟）	英语、数学、科学、科学方法、地理、计算机、历史	梳理望远镜历史的时间轴
第十周	活动 4.2 解码外太空（30—45分钟） 活动 4.3 校准望远镜（45分钟） 第四章 词汇找找看	英语、数学、科学、科学方法、艺术、计算机、历史	创作一首太空主题的诗歌
第十一周	活动 5.1 最初的发现（30—60分钟） 活动 5.2 数据"侦探"（45分钟）	英语、数学、科学、科学方法、计算机、历史	创建你自己的太空电报码
第十二周	活动 5.3 为宇宙画像（30—60分钟）	英语、科学、科学方法、计算机、历史	独立进行模型制作和研究
第十三周	第五章 词汇找找看 活动 6.1 外太空日报：研究&写作（90—120分钟）	英语、科学、科学方法、计算机	《星际日记》专题汇报：可包含日志、写给宇航员的信、创意写作、制作模型、模拟测验等形式，或是对该课程提出的课题进行研究。并在接下来的一周里进行展示，也可以作为家长会的一部分。
第十四周	活动 6.1：外太空日报：编辑&出版（90—120分钟） 任务汇报	英语、科学、科学方法、计算机	

课程计划　　　　　　　　　日期：

课程目标：
课程链接：
缺席学生：

引子 / 开场白：	主要活动：
学生反馈：	差异化教学方案：
跟进内容：	下一步安排：

反馈

用所学知识设计一张思维导图。
你能把学到的知识用图表或卡通的形式表达出来吗？

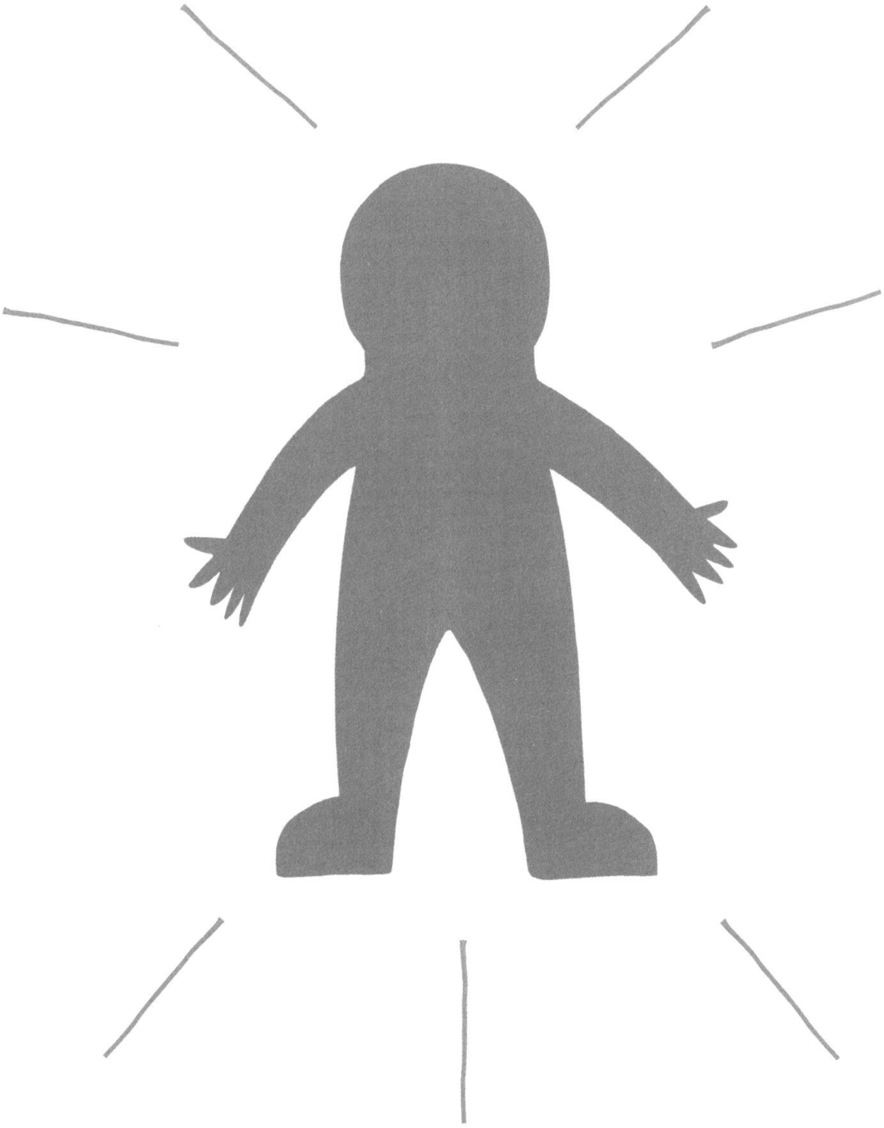

太空日记

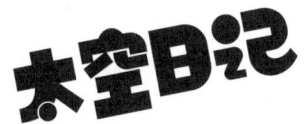

回顾

写下你对所学习内容的体会：

回顾

总结一下学到的内容，列一个清单吧：

1.

2.

3.

4.

5.

6.

7.

8.

9.

10.

回顾

用学到的知识出一套测试题，考考你的朋友吧！

	正确	错误
1.	☐	☐
2.	☐	☐
3.	☐	☐
4.	☐	☐
5.	☐	☐
6.	☐	☐
7.	☐	☐

词汇找找看

先选择一个主题，填写在上面标题的空白处。再选择 8 个与主题相关的单词，将单词的字母以向上、向下、向前、向后或沿对角线的顺序填入格子中，其他的格子里随机填入任意字母，向你的朋友发起挑战吧！

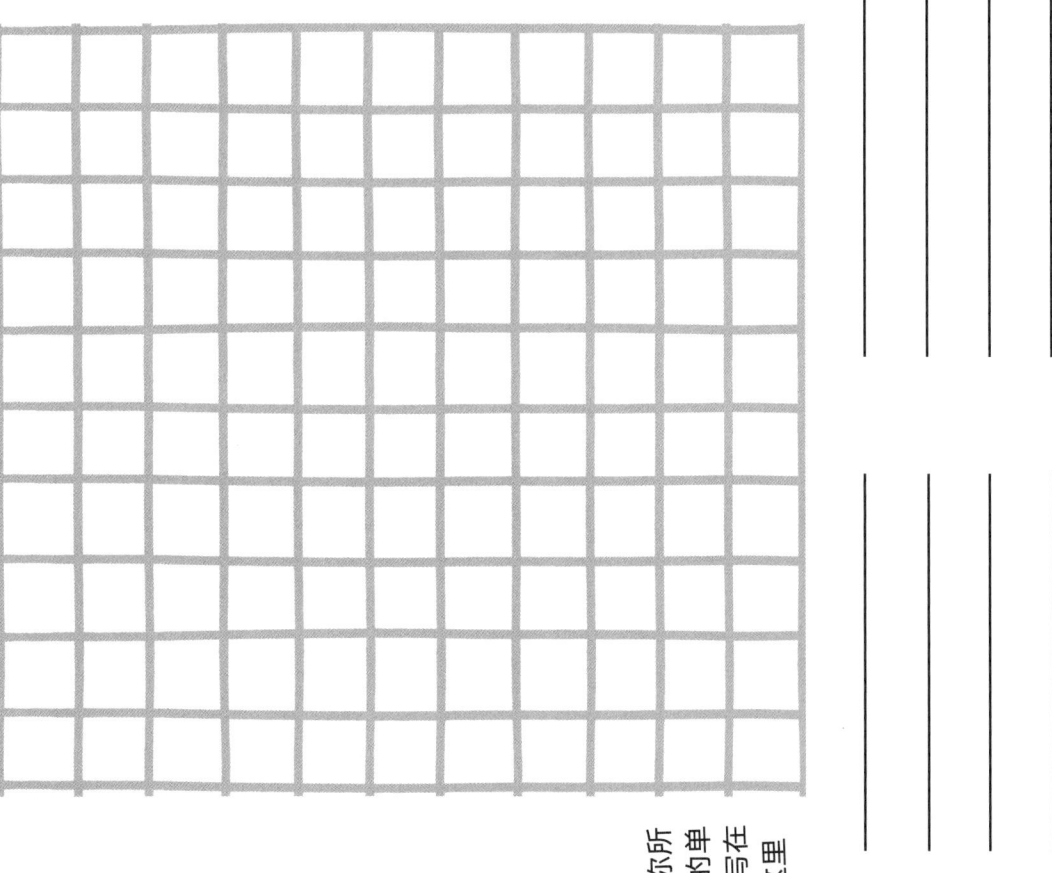

把你所选的单词写在这里

词汇找找看

先选择一个主题，填写在上面标题的空白处。再选择 8 个与主题相关的单词，将单词的字母以向上、向下、向前、向后或沿对角线的顺序填入格子中，其他的格子里随机填入任意字母，向你的朋友发起挑战吧！

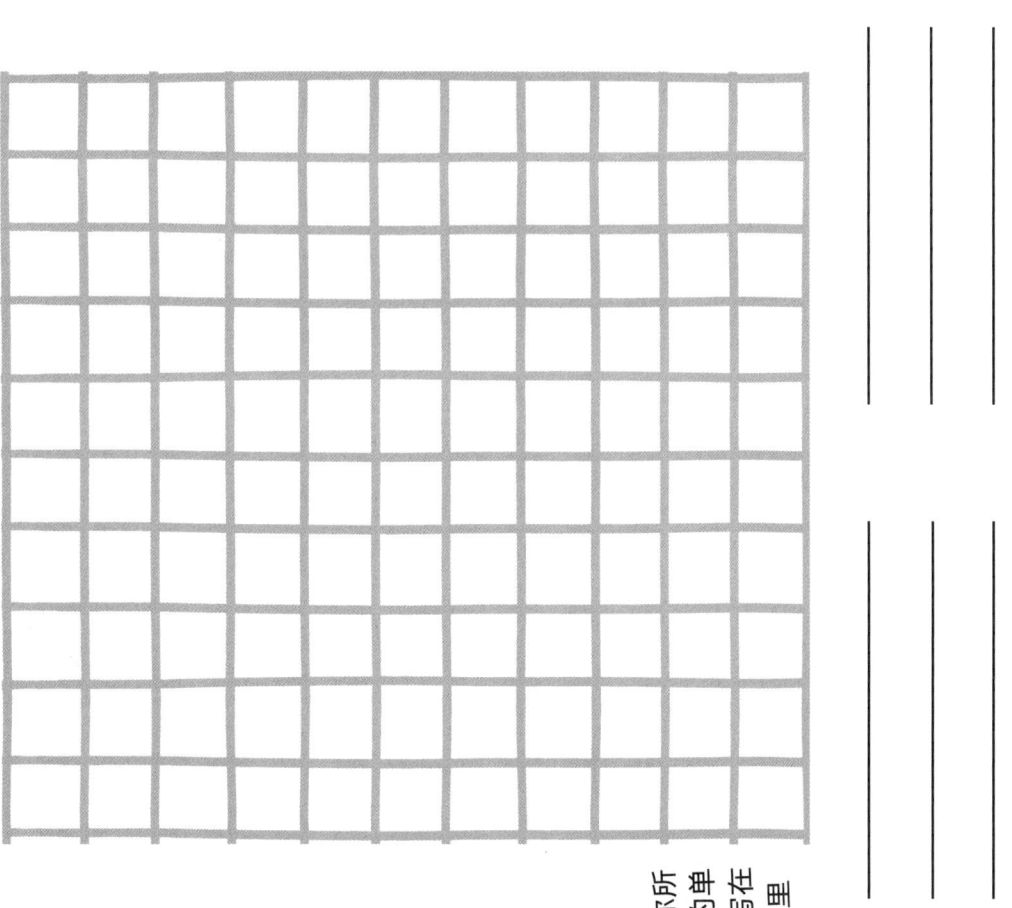

把你所选的单词写在这里

文章规划

标题：

开篇陈述：

人物？

事件？

时间？

地点？

原因？

段落 1：

段落 2：

段落 3：

总结陈述：

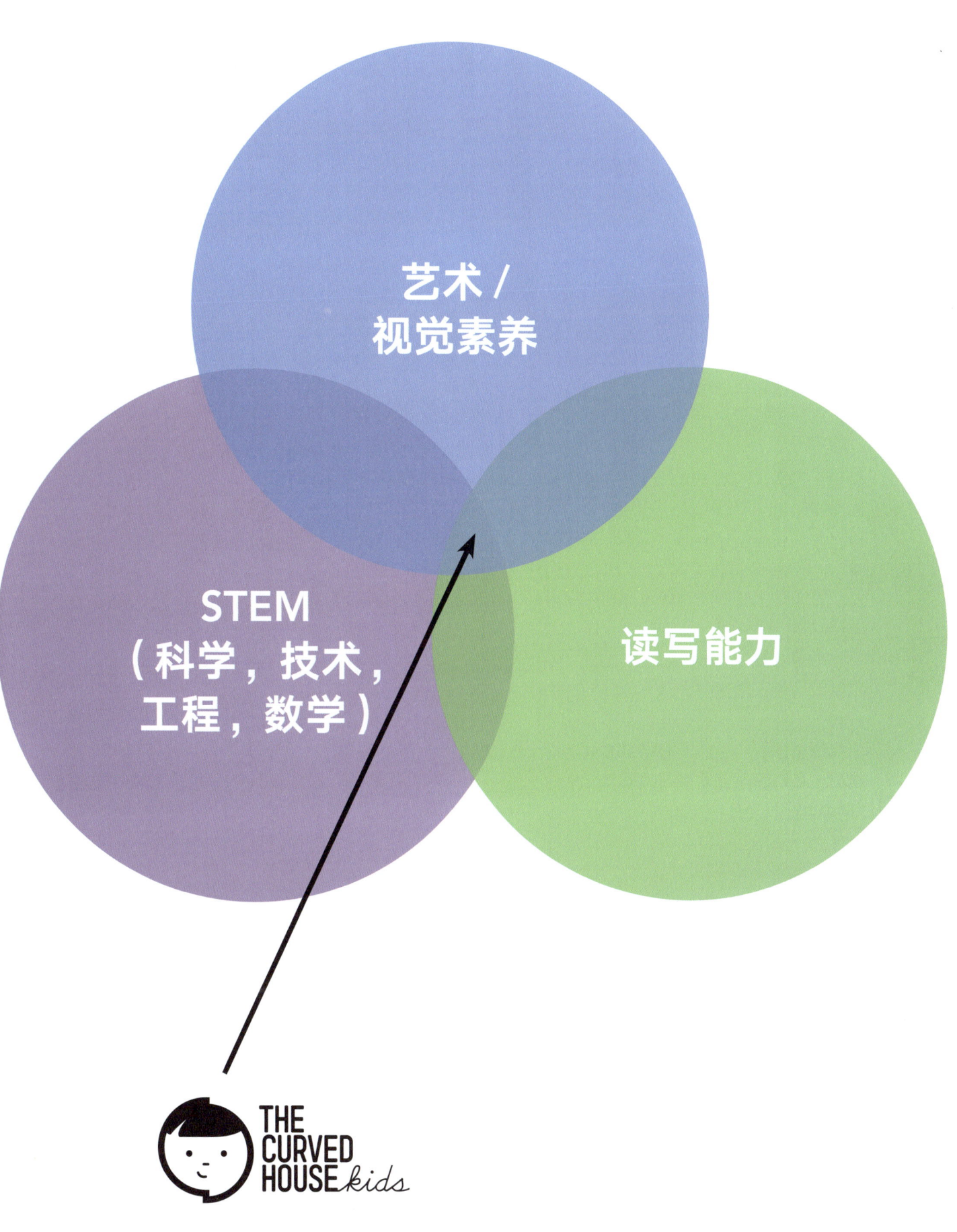

艺术 /
视觉素养

STEM
（科学，技术，
工程，数学）

读写能力

THE CURVED HOUSE kids

专家面对面

《星际日记》向我们介绍了来自不同职业和背景的真正的 STEM 专家们，向我们展示了通往太空领域的各种不同的职业道路。我们对那些在科学、工程、通信等交叉领域工作的专家的访谈，能很好地激励学生，这尤其是一个给他们赋能的好方法。

奥利维亚·约翰逊（Olivia Johnson）——天文学家（23 页）

作为爱丁堡皇家天文台的公众活动经理，奥利维亚与学生和成人一起分享她对天文学的热爱，帮助大家了解我们奇妙的宇宙。

提姆·匹克（Tim Peake）——欧洲航天局宇航员（26 页）

提姆是一名英国宇航员，2015—2016年，他在国际空间站度过了 6 个月时光。提姆在太空期间完成了一次太空行走以及 250 多项科学实验。

吉莉安·赖特（Gillian Wright）——英国天文学技术中心主任（38 页）

吉莉安领导了一个横跨英国和欧洲的大型科学家团队，设计、制造、安装了詹姆斯·韦布空间望远望的中红外光谱仪（MIRI）。

马蒂恩·威尔斯（Martyn Wells）——光学工程师（59 页）

马蒂恩运用光的传播和折射的知识，参与了詹姆斯·韦布空间望远望的镜片和镜面的设计。

皮亚尔·萨马拉·拉特纳（Piyal Samara-Ratna）——机械工程师（73 页）

皮亚尔是韦布空间望远镜 MIRI 团队成员之一，MIRI 是该望远镜四大重要科学仪器之一，用来捕获来自宇宙的红外线。

文森特·盖尔斯（Vincent Geers）——软件工程师（98 页）

除了担任软件工程师，文森特还是一位天文学家。同皮亚尔一样，他也在韦布空间望远镜 MIRI 团队工作。

帕梅拉·克拉森（Pamela Klaassen）——仪器科学家（101 页）

帕梅拉负责韦布空间望远镜上测量和分析频谱的特殊仪器，有了这些数据我们就可以研究宇宙了。

阿拉斯泰尔·布鲁斯（Alastair Bruce）——天文学家（110 页）

阿拉斯泰尔的工作分为两个部分，研究遥远的星系和帮助人们更多地了解韦布空间望远镜，并分享令人兴奋的第一手发现的消息。

贝丝·比尔（Beth Biller）——读者（114 页）

贝丝在爱丁堡大学天文研究所工作，研究其他太阳系中的行星。

娜奥米·罗威–格尼（Naomi Rowe-Gurney）——博士生（118 页）

利用望远镜收集到的数据，娜奥米研究天王星和海王星这两颗冰巨行星的大气层是由什么组成的，以及它们是如何随着时间变化而改变的。

哪些事情会给太空任务带来挑战和麻烦？

阅读奥利维亚·约翰逊博士的介绍，进行讨论，开启你的探索外太空之旅……

欢迎你！太空探险家！

欢迎来到韦布空间望远镜团队！你即将开始有史以来一项最困难的太空任务。你将监督有史以来最强大的空间望远镜的设计、施工、建造和发射。而这仅仅是个开始……

这台具有划时代意义的望远镜能够发现最早形成的星系，窥视新的恒星在星云中诞生，甚至研究环绕在外行星周围的空气。一旦成功发射了这台望远镜，你可以用它搜集数据，向地球报告你的发现。

前进吧，勇敢的探险家。我们等着透过你的眼睛看到全宇宙！

祝你好运！
奥利维亚·约翰逊和航天组成员

你还能想到其他的太空望远镜吗？你对它们有什么了解？

你有哪些技能可以胜任这项具有挑战性的太空任务呢？你又想学到些什么呢？

第一章
天文学家训练营

几个世纪以来，人类一直通过观察夜空来进行导航和时间测量。为顺利完成天文探索任务，让学生做好准备，我们一起来回顾人类观察星云的历史，了解我们已有的发现以及尚待我们探索的领域。

你想象中的"星尘的茧"是什么样子？你能把它画出来吗？

本章内容

1.1 目标：星辰大海
观看宇航员提姆·匹克的特别视频，然后设想一项天文发现。
> 科学 + 艺术

1.2 夜空
绘制坐标以识别肉眼可见的恒星。
> 科学 + 数学

1.3 古代天文学
分析一张古代的太阳系示意图，
了解人类随着时间流逝学到了什么。
> 科学 + 历史

1.4 星空使者
了解天文学的历史和望远镜的发展史。
> 科学 + 历史

1.5 天文小测验
设计一套关于天文观测历史的判断题。
> 科学 + 读写

目标：星辰大海

你是否好奇过，宇宙之中都会有什么呢？

嗨，宇宙探险家！我是欧洲航天局宇航员提姆·匹克！

当我在国际空间站驻留的时候，我常常望向窗外，想象着如果我们能飞到外太空，将会有什么样的发现。

如果你能具备前人无法企及的能力，能看到比目前更遥远的宇宙，你希望有什么样的发现呢？

画出或写下你想有什么发现？

活动 1.1：目标：星辰大海

背景知识

技术的发展使我们对太阳系有了更多的了解，并有能力进一步探索我们的宇宙。例如，哈勃空间望远镜自 1990 年以来一直是帮助科学家研究太空的重要工具。2005 年哈勃空间望远镜发现了太阳系中绕冥王星运行的两颗新卫星。2015 年，随着宇航员对哈勃空间望远镜最后一次维护的结束，美国航空航天局（NASA）决定不再维修哈勃空间望远镜。

目前，由人类迄今为止建造的最大望远镜——詹姆斯·韦布空间望远望引领，宇宙探索正展开一个新时代。

举世闻名的韦布空间望远镜，也就是詹姆斯·韦布（James Webb）空间望远镜，能够极大地增进我们对宇宙的了解。韦布空间望远镜巨大的主镜比哈勃空间望远镜大两倍，这使它可以捕捉大量的光线，并探测到太空中光线较暗的物体。借助专门的红外光谱仪，它能够观测到恒星和行星的形成，并捕捉到早期宇宙中星系发出的光。

韦布空间望远镜有四个主要的研究目标：

- 第一束光：第一颗恒星是什么时候开始闪耀的？

- 星系的形成：像银河系这样的星系是如何形成的呢？

- 恒星和行星的诞生：充满了气体和尘埃的星云是如何演变并孕育出星体的？这一过程的"残余物"是如何演化出行星的？

- 系外行星和生命的起源：科学家们猜想，各个星系中都充斥着行星，他们想知道在这么多的行星当中是否有类地行星呢？

活动安排

本节活动旨在促进学生的想象力和横向思维能力。

首先全班一起或是以小组为单位，根据同学们对地球和太空现有的了解创建一张思维导图。在开始主要活动之前，使用智能手机或其他设备，通过网站访问来自提姆·匹克的消息。

所需资源
- 艺术用品

面对无边无际的宇宙，让学生思考一下，如果人类探索宇宙奥秘的能力取得了新的进步，那么可能会有什么发现呢？把它们记录在白板或是白纸上。如果是小组学习，学生在小组内部可以轮流互相提问，关于宇宙他们最想发现些什么？通过讨论，学生应该对自己最想探索的问题或概念有个大体的了解。他们可以在工作纸上通过艺术、图表、文字或是图像的形式呈现这一点——这将成为他们的任务目标。

课堂提问

- 地球处于太阳系的什么位置？

- 太阳系中还有哪些天体？

- 你还知道其他的天体吗？它们叫什么名字？

- 什么是恒星？

- 恒星周围有行星环绕吗？

- 在我们尚不了解的外层空间还可能有些什么呢？

- 是什么阻止我们进一步探索太空，看得更远？

- 除了行星和恒星，在太空中还能找到什么？

额外的挑战／拓展活动

研究我们所在的星系——银河系，并确定太阳系在其中的位置。除了太阳系，我们在银河系中还能找到什么？

计划一项调查：现在学生已经明确了他们各自的任务目标，他们能否将寻找答案的过程分解为几个步骤？或者服务对如何推进研究以寻找答案加以解释？向他们提问：要支持他们的想法或可能的答案，他们需要收集哪些证据？

说明文字：根据他们对银河系的研究，学生能否使用科学语言交流他们的发现？

差异化教学思路

支持：

- 通过小组合作给学生提供支持。为学生提供有关天体的词汇和适用的词汇表，如行星、太阳、月球、恒星、系外行星、小行星、彗星、大气层、黑洞、星系、暗物质。提供每个单词的定义和图像，进一步加强学生对这些术语的理解。有关术语和定义，请参见《外太空词汇表》。

有笔记吗？
写在这里！

挑战：

- 结合之前计划的调查拓展，让学生给提姆·匹克写一份任务请求书，说明他们想要发现的内容、原因，以及完成该任务所需的资源。

教学小贴士！

如果你的教室没有联网，请提前从 Discoverydiaries.org 网站下载提姆·匹克的视频，你将在活动页面上找到该视频。

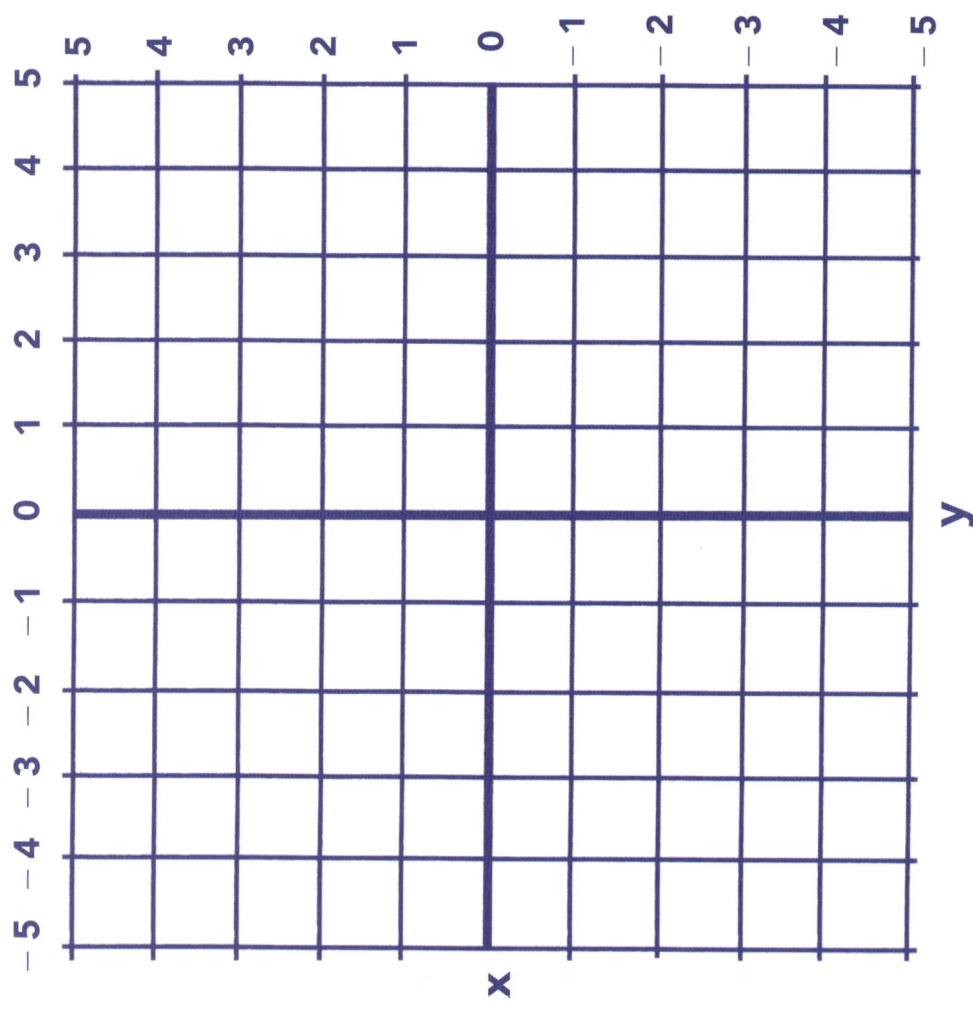

−5 −4 −3 −2 −1 0 1 2 3 4 5

x

y

你认出这个星图了吗？

夜空

在望远镜发明之前，人类一直用肉眼观察恒星和行星。仰望深邃的夜空，你看见了什么？绘制下面的坐标图，你可能会找到一个你认识的恒星星图。

恒星名称	坐标		
天枢	x −3,	y −3	◆
天璇	x −5,	y −1	✗
天玑	x −3,	y 1	□
天权	x −1,	y 0	●
玉衡	x 1,	y 1	■
开阳	x 3,	y 2	●
摇光	x 4,	y 4	▲

 使用这些符号在坐标纸上标出每颗恒星

活动 1.2：夜空

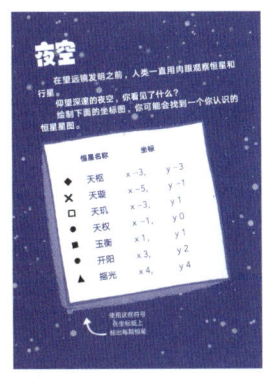
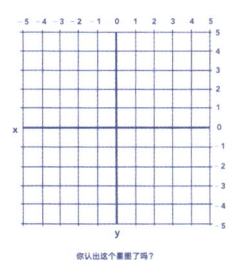

背景知识

自古以来，人类就利用天体的运行（恒星和行星）来测量时间的流逝、辨识方位及进行文化和宗教仪式。早在公元前 17 世纪中叶，人类就开始记录行星的运行。这意味着，他们已经认识到恒星和行星的不同。随着时间推移，恒星可以相对保持它们在天空中的位置，而行星会根据恒星的位置改变自己的位置。

北斗七星（译者注：英格兰称为"犁"）是一个小星群（由一小群恒星构成的一个星团），在北半球任何季节都可以看见它。它由 7 颗明亮的恒星组成，其中 4 颗形成"勺子"的"勺体"，另外 3 颗组成"勺柄"。当我们在地球上观测北斗七星时，相对于我们的观测位置，它的位置也会随着季节不同和夜晚时间的变化而变化。因为地球在绕着地轴自转，所以看上去北斗七星每 24 小时围绕北极星旋转一圈。

活动安排

给学生介绍以下观点：自古以来人类一直通过观测恒星来辨别方位、监测时间的变化。注意：如果学生不熟悉一些术语，如天体、星座等，在活动开始时可以先参照词汇表（详见有用链接）与全班一起学习这些词汇。让学生思考为什么会这样。使用地球仪演示地球如何围绕着地轴自转并产生白天和黑夜。地轴倾斜的角度还可以帮助学生理解为什么我们在不同的半球所看到的星星不一样。

为了解释为什么星座（由一组恒星组成，可以识别出图案的星团）在夜间似乎在旋转，让学生站在某个固定在天花板上的物体的下方，如一个矩形的荧光灯。请学生抬起头并慢慢地转圈。学生从自己的角度来看，会发现随着他们的转身，灯具的方向发生了变化。

所需资源

- 地球仪（可选）

如果能将图片固定在天花板上，让学生站在下方转圈，这时图片看起来会是上下颠倒的，活动的效果会更好。让学生分组讨论，探讨在我们掌握测量时间和定位的技术之前，地球自转带来的星座位置的移动如何有助于人类监测时间和确定方位。

告诉全班同学，他们要在坐标图上绘制一个由 7 颗星星组成的小星群，每颗星星都有自己的名字。学生要分析坐标，用指定的符号将每颗恒星标示出来。然后将所有的恒星连线，画出北斗七星的形状。

本节活动答案

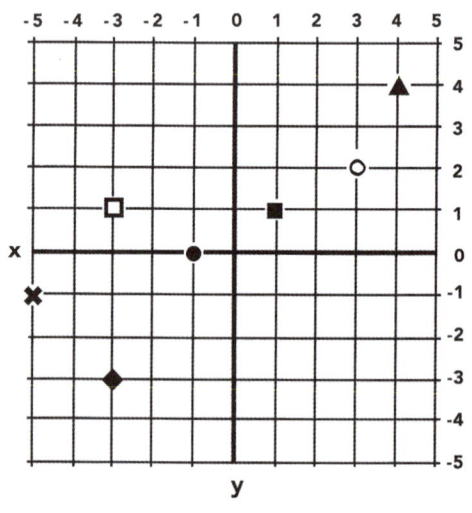

课堂提问

- 恒星和行星有哪些区别？

- 为什么人们在不同半球（地球的一半，hemispheres 即半球，hemi 是一半的意思，sphere 是球形。两个半球组成一个球，即地球的形状）看到的星座也不同？

- 为什么在夜间星座看起来似乎在移动？

- 在不使用现代技术的情况下，除了星座的移动，我们还有哪些方法可以用来确定每天、每月或是每年的时间？

额外的挑战／拓展活动

北斗七星是这个小星群在中国的名字，在英格兰，它被称为"The Plough（犁）"。在不同的文化里它有不同的名字。让学生研究北斗七星在过去和现在的文化中各种各样的名字，了解每个名字在地理和历史上的使用情况。

北斗七星是一个小星群，是一个星座的一小部分恒星的集合。让学生研究北斗七星在哪一个星座（大熊座）中，并让他们了解这个名字和背后的神话故事。

找出在北半球出现的其他星座，用星星贴纸把它们定位在黑色的硬纸板上，在教室里创建一个星座画廊。

有笔记吗？

写在这里！

差异化教学思路

支持：

- 为了帮助年纪较小的学生，让学生以小组为单位完成坐标图的绘制。如果你有一片户外的操场，指定 7 名同学担当"七星"的角色，班级其他人扮演"天文学家"，指导学生绘制实体的坐标，用粉笔在操场上画出北斗七星的图形。然后在各自的练习本上画出这个星群。

挑战：

- 在一张 A3 大小的纸上将横、竖坐标轴分别扩大 5 ~ 25 倍，重新绘制星图。让学生绘制北斗七星并标注每一颗恒星的名字。接下来让学生找到北极星的位置。（它的位置在从北斗二号到北斗一号的延长线上，距离北斗一号的距离大约是北斗一、二号之间距离的 5 倍。这样学生就可以确定北极星的坐标了）

教学小贴士！

用粉笔在操场上画出巨大的网格，然后将"恒星"的角色分配给 7 名学生。其他的学生作为"天文学家"，来指挥"恒星"们站到星图中正确的位置上去。

古代天文学

历史上，人类一直把夜空作为地图、时钟和日历来使用。但在望远镜发明之前，我们对太阳系的了解并不多，尤其是有关地球和其他行星之间的联系。你能在下图中看到地球吗？

根据目前掌握的知识绘制你的太阳系示意图。这与左边古代的示意图有何不同？从中我们学到了什么？

现代太阳系示意图

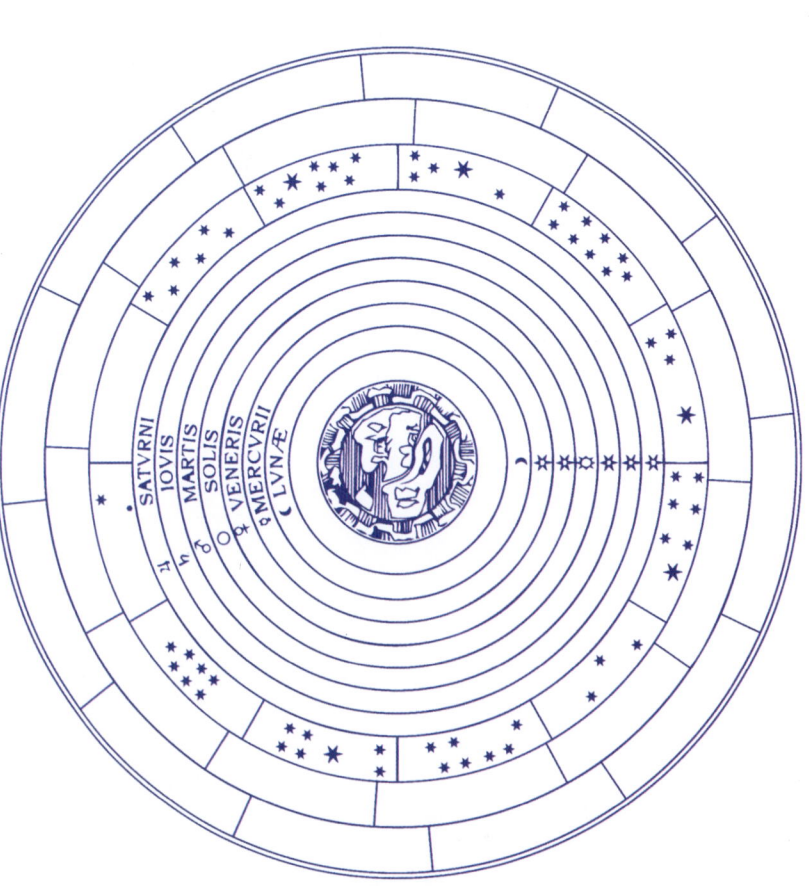

地心说示意图

SATVRNI
IOVIS
MARTIS
SOLIS
VENERIS
MERCVRII
LVNÆ

活动 1.3：古代天文学

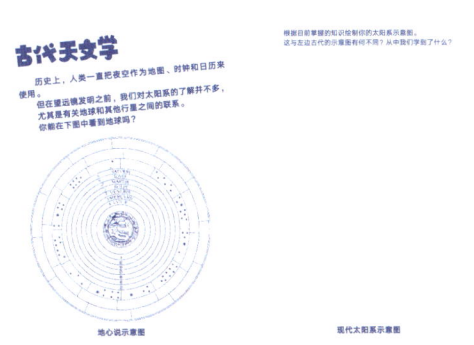

旋转的地心说理论截然不同。

1609 年，伽利略（Galileo）发明了第一架天文望远镜，他因此观测到了月球上的山脉、金星的相位、土星环和木星最亮的 4 颗卫星。伽利略的科学观测支持了日心说理论。

核心词汇

Helio – 太阳的

Geo – 地球的

Centric – 居中的

Model – 对某种结构的三维展现，通常采用缩小的比例

背景知识

我们的太阳系由 8 颗行星、2 颗矮行星（谷神星 Ceres 和冥王星 Pluto）、这一共有 5 颗矮行星和 200 多颗卫星、数百万颗彗星、无数的小行星和流星组成。尽管远古时期的天文学家——如公元前 3 世纪生活在希腊萨莫斯岛的阿里斯塔克斯（Aristarchus）提出了行星围绕太阳运行的理论，但是直到公元 16 世纪，许多人仍然相信地球才是太阳系的中心。这一理论是亚里士多德（Aristotle）在公元前 350 年所写的《论天》（On the Heavens）中提出的。本节活动中提供的草图就是根据亚里士多德宇宙学理论完成的。

1543 年哥白尼（Copernicus）出版了《天体运行论》（On the Revolutions of the Heavenly Bodies）。他提出太阳系的日心说理论，这与托勒密在公元 2 世纪提出的所有天体都绕着地球

活动安排

该活动侧重视觉分析能力的培养——对科学家来说，这是一项重要的技能。

首先要求学生检查工作纸左侧亚里士多德学派的太阳系示意图。对该图进行自主观察。他们注意到有哪些与现有的太阳系知识不同的地方吗？少了什么呢？哪个位置画错了？他们认为图中这些词都是什么意思呢？

问问学生，他们认为这张图可能是在什么时候绘制的。

所需资源
- 尺子
- 指南针

邀请同学们讨论，随着时间的推移，人们对太阳系的理解是如何发展变化的。

重新审视太阳系的结构，让学生在工作纸上把它画出来。根据学生的不同能力，提出不同的准确度要求，让他们注意轨道的形状、行星距太阳的距离。向学有余力的学生介绍天文单位，这部分内容在《火星日记》中活动 2.1 "飞向远方"章节有所介绍。

课堂提问

- 为什么古代天文学家不能观测到太阳系中所有的行星？

- 所有的行星都按照同样的速度围绕太阳运行吗？如何才能判断它们的环绕速度呢？

- 为什么会有白天和黑夜？

- 什么导致一年中白昼的时间长短发生变化？

额外的挑战 / 拓展活动

"口诀记忆法"是帮助学生记住行星顺序的一个很好的方法，如英语版本：我受过良好教育的妈妈刚刚给我们端来了面条。[My（M 水星）very（V 金星）educated（E 地球）mother（M 火星）just（J 木星）served（S 土星）us（U 天王星）noodles（N 海王星）]。让学生也编一个"口诀"来帮助他们记忆。

全班一起画一张太阳系图，包括太空中的其他物体，如小行星带、国际空间站、卫星、人造卫星、彗星等。

看看前面那张古代太阳系示意图中的单词，让学生找出每个单词的含义。

在古代，世界各地都取得了重要的天文学发现。像巴塔尼（a-Battani）、苏非（al-Sufi）、比鲁尼（al-Biruni）和伊本·尤努斯（Ibn Yunus）这样的天文学家记录了太阳、月球和星星的位置。古代玛雅人建造楼梯、水井这样的设施都要与"天象"相吻合，他们也对天体的运动进行了详细的记录。中国商代的天文学家根据月亮的周期制作了阴阳历。南半球的澳大利亚土著人早在 65000 多年前就已经开创了天文学学派。

让学生选择一位古代天文学家或一种古代文化进行研究。

差异化教学思路

支持：

- 为了帮助年纪小一点的学生，先让他们进行一些入门级活动，诸如《原理号太空日记》中的活动 3.4 "太阳系"，温习有关太阳系行星的内容。安排学生以分组或是结对的方式共同确定行星排列的顺序。为学生提供大小不等的纸板圆圈，以跟踪、定位太阳周围的行星。

有笔记吗？
写在这里！

挑战：

- 向学习能力强的学生介绍天文单位
  （AU）

- ——这是一种用于测量行星到太阳之
  间距离的测量单位。

- 1AU 等于太阳到地球的平均距离。
  这部分入门级活动可以参考《火星日
  记》活动 2.1 "飞向远方"。

- 让学生精确表达每颗行星到太阳的距
  离，并用圆规画出每颗行星的环绕
  路径。

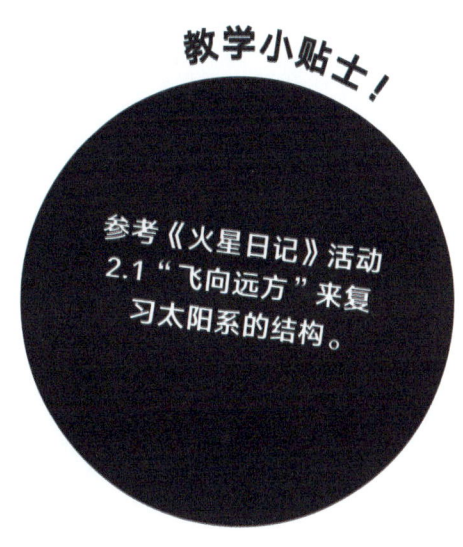

教学小贴士！

参考《火星日记》活动
2.1 "飞向远方" 来复
习太阳系的结构。

星空使者

纵观天文学历史，
每一项新技术的出现都让我们获得了更多的关于
宇宙的知识。
回溯历史，
画出每台望远镜曾经向人类揭示的奥秘。

詹姆斯·韦布空间望远镜

哈勃空间望远镜

凯克望远镜

伽利略望远镜

嗨，太空探险家！ 我是吉莉安·赖特（Gillian Wright），詹姆斯·韦布空间望远镜团队的负责人。韦布望远镜可能能看到宇宙中最遥远的星系，你能想象，借助这台具有划时代意义的望远镜，天文学家会观测到或者可能观测到什么惊人发现吗？

活动 1.4：星空使者

背景知识

许多世纪以来，人类一直在开发新的技术以协助他们探索天空。古代类似埃及方尖碑、玛雅神庙这样的建筑都与反复出现的天文现象暗合，体现了当时人们对天文学现象的浓厚兴趣。

早在公元前 220—前 150 年，星盘就被用来精确测量恒星和行星的位置。然而，直到 15 世纪末，玻璃制造和透镜研磨技术得以长足发展，才使得望远镜的发明成为可能。

尽管望远镜不是伽利略·伽利雷（Galileo Galilei）发明的，但大家公认他是第一位使用望远镜观测夜空的人。当伽利略得知汉斯·利佩希（Hans Lippershey）于 1608 年发明了"荷兰透视玻璃"后，伽利略开始自己制作望远镜，通过一些改进后，他制作的望远镜能够将物体放大 20 倍。

伽利略的望远镜使他能够观测到前所未见的天空细节，包括土星环、木星最大的 4 颗卫星以及金星显示出像月球一样的相位。他从观测中得出结论：正如哥白尼理论阐述的一样，太阳是太阳系的中心，地球并不是中心。他还研究了月球上山脉投下的阴影，并运用简单的数学方法证明了它们和地球上的山脉很相似。

随着时间的推移，人们建造了更大的望远镜，可以收集和聚焦更多的光线，为我们提供更详细的天空景象，也可以看到光线更微弱的天体。

位于美国加利福尼亚州威尔逊山天文台的胡克望远镜始建于 1917 年，主镜有 2.5 米，在 1949 年之前是世界上最大的望远镜。

埃德温·哈勃（Edwin Hubble）在 20 世纪 20 年代年代用这架望远镜进行观测，获得了两项重大发现，这些发现彻底改变了我们对宇宙的理解。1923 年，他对仙女座星系的详细观测证明，仙女星座位于我们的银河系之外，与我们相隔 250 万光年。1929 年，结合许多遥远星系的观测信息，哈勃证明宇宙正如大爆炸理论所预测的那样正在不断膨胀。这两个发现都依赖于胡克望远镜的灵敏度和分辨率。

20 世纪，随着时间的推移，人类通过制造更大望远镜来获得更清晰天空视图的努力，遇到了一个难以突破的瓶颈——那就是地球大气层的模糊效应。就像夏日里炎热的停车场呈现的朦胧景象一样，由于紊乱的气流影响，光线穿越气流时向不同角度发生方向的改变，因此透过地球的大气层观看到的太空景象也是模糊不清的。1990 年人类成功发射了以埃德温·哈伯（Edwin Hubble）命名的哈勃空间望远镜，使我们能够从大气层上方观测太空，它给我们提供了具备前所未有的清晰度和灵敏度的精美图像。哈勃空间望远镜拍摄了大量广为流传的太空图片；对于生活在今天的人们来说，这项技术从根本上塑造了我们对"宇宙景象"的概念。宇航员先后五次对望远镜执行了维护任务，使太空望远镜的性能获得了更新，并对行星、恒星、星系和宇宙有了突破性发现。

詹姆斯·韦布空间望远望，是新一代的望远镜，它将像哈勃空间望远镜一样，重塑我们对宇宙的理解。它将观测来自太空的红外线，看到哈勃无法看到的东西。例如，它将穿过尘土飞扬的星云（含有气体和尘埃的巨大的云）拍摄恒星和行星形成的详细照片。它将探测 134 亿光年之外，宇宙中最早形成的恒星和星系。它将研究系外行星大气层的化学组成，这些行星围绕着太阳以外的恒星旋转；并寻找这些行星可能适宜居住的迹象。

虽然它是被专门设计来做这些令人惊叹的事，但是它也会被用来研究太空中所有的天体。也许韦布空间望远镜最令人兴奋的地方是它有潜力向我们展示我们现在无法想象的东西，正如 400 多年前伽利略望远镜所做的那样。

活动安排

让学生思考这个问题：在地球上我们如何看到很远的地方？我们采用哪些不同的方式，使用哪些不同的仪器进行观察？提示学生，他们可以用双筒望远镜来进行观景、观剧或观鸟等娱乐活动。通过把事物看得更清楚，或者观察更远的物体，可以学到什么不同的东西？

让学生列出太空中他们已知的所有事物；你可以使用太阳、月球、行星、其他卫星、彗星、星云或星系的图像来引导大家的讨论，或者你可以让学生找

到或是画出这些图像。这些物体中有多少是学生能用自己的肉眼观测到的？

我们如何知道它们是否存在、长什么样子？有学生使用过望远镜吗？他们通过望远镜看到了什么？如果他们能在天文台使用功能强大的望远镜，他们预计自己会看到什么呢？如果能使用太空天文台的设备呢？

为了帮助学生理解为什么需要哈勃这样的太空望远镜给人类一个更清晰的视野，请他们想象望向一个炎热的停车场，看到的景象是如何模糊晃动的。你也可以做一个简单的折射演示，如让学生观察插在装有半杯水的杯子里的铅笔，来理解光线在不同物质间传播时会发生折射。

为了理解为什么太空望远镜可以观察到某些被大气层阻挡的光线，让学生想象一些对可见光透明或是不透明的材料，问问他们，这些材料对其他类型的光线（如紫外线或是无线电波）是否也一样透明或不透明。防晒霜是一个很好的例子，我们可以透过它看到东西，但它却可以阻挡紫外线。

当学生思考了不同的望远镜如何增进我们对太空的了解之后，向他们介绍工作纸上的四种望远镜。

有笔记吗？
写在这里！

课堂提问

- 为什么了解太空很重要？

- 使用望远镜取得了哪些重要的发现？

- 你认为韦布空间望远望会对我们观察宇宙有什么新发现？

- 空间望远镜、太空探测器和卫星有什么区别？

额外的挑战 / 拓展活动

使用我们挑选的 STEM 学习的参考资料，详细绘制一条关于望远镜历史的时间轴。

一项有趣的手工活动可以帮助年纪较小的学生理解望远镜的主要组成部分，以及普通望远镜的使用方法。

差异化教学思路

支持：

- 以班级或小组为单位，把 PPT 幻灯片作为辅助材料，用一根晾衣绳作为时间轴，将望远镜发展历史的关键日期和变化按顺序固定在晾衣绳上，让学生有直观的感受。

挑战：

- 让更有余力的学生去独立研究每一个望远镜的性能。

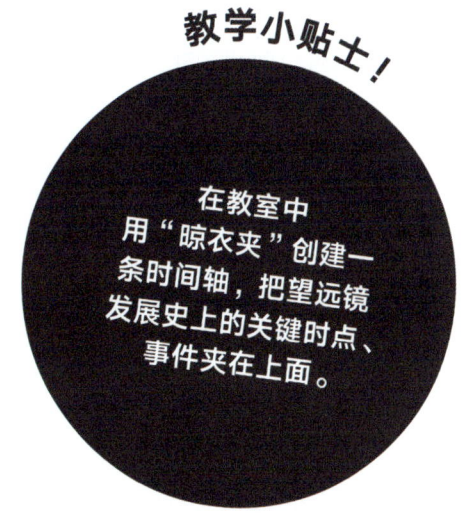

教学小贴士！

在教室中用"晾衣夹"创建一条时间轴，把望远镜发展史上的关键时点、事件夹在上面。

天文小测验！

你对天文观测的历史有什么了解？
设计一套判断题，考考你的朋友们吧！

正确
或
错误

活动 1.5：天文小测验

背景知识

外太空小测验目的是帮助学生巩固本章所学内容。学生可以设计一套判断题，考考班里的同学。

活动安排

和同学一起回顾学到的内容，巩固所学并将这些内容在白板上记下来，以便全班同学查阅。复习学生遇到的科学词汇，以及这些词汇的定义。

让同学们准备 5 个问题，分组或独立完成皆可，提醒他们，题型是要用"正确 / 错误"回答的判断题。你可以使用下列判断题的例子，以便学生更好地理解问题。

要强调一点，没有对事实进行准确陈述的题目的答案为"错误"。为了更好地设计自己的问题，学生可能需要时间来仔细研究答案。

学生准备好各自的问题后，让他们以结对子、分组或是全班的形式互相测试。

判断题举例

- 星云、黑洞、卫星和太阳风都是在外太空发现的。（正确）
- 太阳系处在一个叫作"暗道（Murky Way）"的星系中。（错误）
- 星座是太空中的一组行星。（错误）
- 因为地球绕着地轴自转，所以天空中的星座看起来似乎在移动。（正确）
- 火星是太阳系中距离太阳最近的行星。（错误）
- 伽利略是第一位提出地心说理论的天文学家。（错误）
- 埃德温·哈勃使用胡克望远镜来研究我们的宇宙。（正确）
- 哈勃空间望远镜发现了环绕冥王星运行的新卫星。（正确）
- 詹姆斯·韦布空间望远望（韦布）可以通过 X 射线视线穿透太空尘埃。（错误）
- 詹姆斯·韦布空间望远镜位于距地球 150 万千米的位置。（正确）

所需资源

- 前一活动中的事实卡片 / 白板纸

课堂提问

- 为什么对于科学家来说提出问题很重要？

- 在第一章中你还有哪些关于太空的问题没有得到解答？

- 在第一章中还有哪些你不理解的单词？你可以通过哪些方式去找到它们的含义？

- 在第一章中有学到哪些让你吃惊的内容吗？

- 我们有哪些方法可以更多地了解宇宙呢？

额外的挑战／拓展活动

用学生出的题目主持一个游戏节目，让全班同学参与进来。可以使用一面写"正确"另一面写"错误"的小白板，或是用身体动作代替白板，比如双手放在头上表示"正确"，双手背在身后表示"错误"。这个方法可以让教育工作者获得即时的反馈。

让学生将问题改写成完整的简答题，而不再是用"正确／错误"回答的判断题形式。比如，"在太空中发现了哪四种东西？"或者"我们太阳系所在的星系叫什么名字？"

差异化教学思路

支持：

- 让学生制作《王牌大冒险》游戏风格的问答卡，以帮助他们复习所学内容。

挑战：

- 让学生选择一个问题进行研究。给他们设定一个挑战，要证明为什么这个问题的答案是"正确"或是"错误"，并向全班展示他们的发现。

- 为学生的题目设定一个比率，比如要有 3 个答案为"错误"的问题，以确保他们创造性地设计问题。

教学小贴士！

为全班安排一个游戏节目，让每个学生提供一道判断题，然后提供"正确"和"错误"标志牌，以获取即时反馈。

有笔记吗？
写在这里！

别忘了我们的
课堂小奖励！

学生每完成一章就给他们一枚任务徽章。

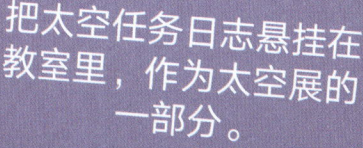

把太空任务日志悬挂在教室里，作为太空展的一部分。

第二章
望远镜培训

理解望远镜工作原理的第一步是了解光是如何传播的。在介绍不可见光之前，让学生先通过实验了解光是如何被吸收、反射和分解成光谱的。

本章内容

2.1 光线，镜子，动起来
设计一个实验，演示光的直线传播，遇到物体会被反射和吸收。
> 科学 + 设计与技术

2.2 制作七彩色轮
按照说明制作一个可以将光谱合成白色的七彩色轮。
> 科学 + 设计与技术

2.3 彩虹的配方
使用棱镜和光源，创建一份制作彩虹的分步指南。
> 科学 + 设计与技术

2.4 红外线自画像
设计一套由冷到热的彩色温标，用它来画一幅自画像。
> 科学 + 艺术

词汇找找看①
找到第二章中的 8 个科学词汇。
> 科学 + 读写

光线，镜子，动起来！

光线以直线传播。光遇到物体后会被反射并留下阴影。你能设计一个实验向人们演示光的神奇之处吗？

在这里规划设计你的演示 ↗

我想演示……

□ 光以直线传播。

□ 遇到物体，光会被反射。

□ 一些材料可以吸收或者阻挡光线。

□

在这里添加你自己的演示内容 ↰

活动 2.1：光线，镜子，动起来

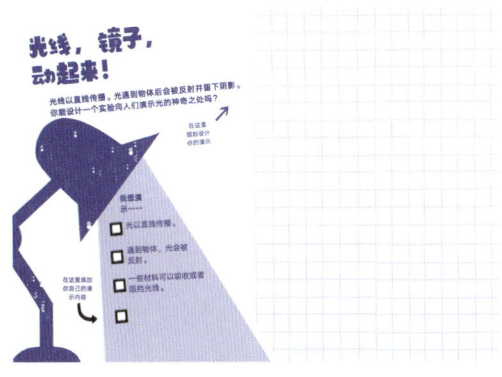

风险评估

让学生注意直视光源（主要是太阳）的危险性，以及他们应该如何保护眼睛。

背景知识

韦布空间望远镜的主要目标之一是观测数十亿光年之外的星系，这样我们就可以研究星系是如何形成的。韦布空间望远镜通过收集那些星系中恒星发射的光来实现这个研究目的。由于来自这些遥远星系的光非常微弱，韦布空间望远镜需要尽可能多地收集这些光，它收集的光越多，我们能够看到的也就越多。这就是为什么它的主镜是有史以来发射到太空中的最大的一个，直径达6.5米，是哈勃主镜尺寸的2倍还多。

韦布空间望远镜的主镜是一个凹面镜，当来自太空物体的光线照射到主镜上时，光线被主镜的金色表面反射，形成更集中的光束，照射到较小的凸面副镜上，副镜将光反射到韦布空间望远镜的4个特殊仪器中。这些仪器不仅可以拍照，还可以将光色散为光谱。来自这些仪器的信息被数字化后，通过无线电传回地球，以便科学家们研究观测结果。

活动安排

本活动要求学生计划、设计和演示一个关于光线传播的实验。

把班级分成几个能力混搭的小组，并为每组提供可供选择的不同物品，如透明的尺子、书籍、材料、卡片、一个手电筒。给各小组留出时间讨论他们要如何利用这些资源，来设计一个关于光线以直线传播，或是遇到物体会被反射、被吸收、被阻挡的演示实验。

然后，每个小组将他们的想法分享给全班。给学生提供一个改变或改进实验的机会。

确保每个学生都理解了该任务的目的。此时，你可能希望为学生额外提

所需资源

- 绘画材料
- 手电筒（可选）

供一些帮助，比如给他们一些相关的例子。学生应该在工作纸上记下他们准备如何完成这项任务。

如果学生绞尽脑汁也想不出研究的方法，可以为他们提供一些例子。如将 3 张卡片在同一位置打孔，前后放置在一条不规则的线上，打开手电筒，如果这 3 张卡片不在一条直线上，光线就会被阻挡，无法穿过。如果将 3 张卡片排成一条直线，光线就可以穿过这 3 个孔。

考虑到学生手头有的物品，请学生依据各种物品允许光线通过、吸收光线或阻挡光线的透明程度对物体进行分类。

学生可以用干净的铝箔纸来观察当一个手电筒照在上面的时候会发生什么。把铝箔纸揉皱，再用手电筒照一下，会发生什么？

引导学生用镜子做实验。如果你把一面镜子放在另一面镜子前面会怎么样？让学生在一张纸上写一个单词，并放在镜子前面，会发生什么情况呢？

课堂提问

- 什么是光？

- 光从哪里来？

- 什么是光的反射？

- 影子是如何产生的？

额外的挑战／拓展活动

学生可以在平板或是其他电子设备上记录并讨论他们的实验。

学生可以制作自己的潜望镜。

制作皮影木偶，让学生试试，怎样才能让影子变大、变小？把结果记录在表格中。

获得一个大而清晰的影子的最佳距离是多少？

让学生在使用凹面或凸面反射

有笔记吗？
写在这里！

面——如勺子的两面——时仔细观测。
当镜面不平时，反射会发生什么变化？

差异化教学思路

支持：

- 对于需要协助的学生，可以让他们加入一个有人指导的小组，给他们的演示提供一些建议。然后让他们独立完成任务计划的创建、编写和实施。如果要提高难度，学生可以在计划中加入更多的信息，并使用科学术语。

挑战：

- 对学生进行能力混搭分组。

- 如果需要，向学生提供提示卡，帮助他们建立学习的框架。

- 让学生使用科学术语，撰写一份详细的实验计划。

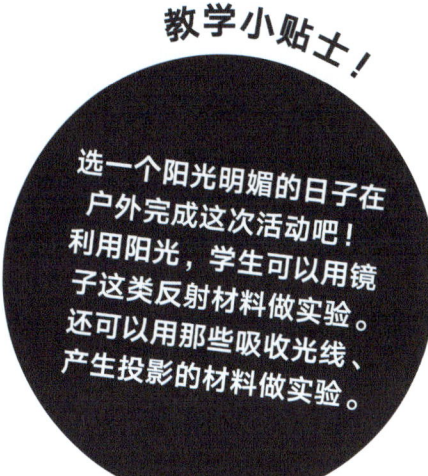

教学小贴士！

选一个阳光明媚的日子在户外完成这次活动吧！利用阳光，学生可以用镜子这类反射材料做实验。还可以用那些吸收光线、产生投影的材料做实验。

制作你自己的 七彩色轮

是时候测试一下你的数学和工程学技能啦。你能演示一下彩色是如何被合成白色的吗？

你会需要用到：

- ☐ 硬纸板
- ☐ 白纸
- ☐ 圆规
- ☐ 量角器
- ☐ 剪刀
- ☐ 胶水
- ☐ 彩色铅笔
- ☐ 绳子

第一步：在纸上用圆规画一个直径 100 毫米的圆。

第二步：你将用什么等式计算每个扇形的角度的大小？

你将用量角器把圆分成7等份。

＿＿＿＿ ÷ ＿＿＿＿ ＝ ＿＿＿＿

第三步：如图所示给每个部分涂上颜色，然后把这个圆剪下来。

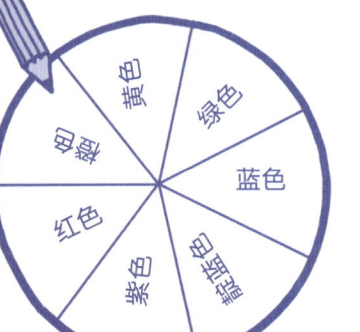
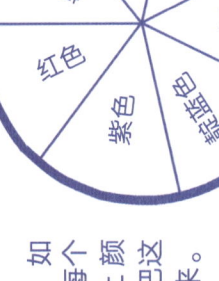

（色轮分区：黄色、橙色、红色、紫色、靛蓝色、蓝色、绿色）

第四步：在硬纸板上画一个直径 100 毫米的圆，并把它剪下来。

第五步：用胶水将涂色的圆纸盘和硬纸板圆盘贴在一起，并用圆规在它们的中心穿两个洞。

第六步：如图所示将绳子从洞中穿过，或者你也可以用自创的方法，让圆盘快速旋转！

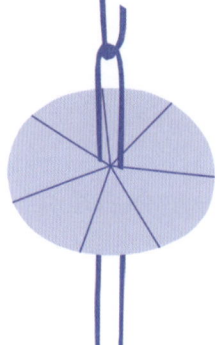

第七步：旋转并观察！你发现了什么？在这里描述你的观察结果。

活动 2.2：制作七彩色轮

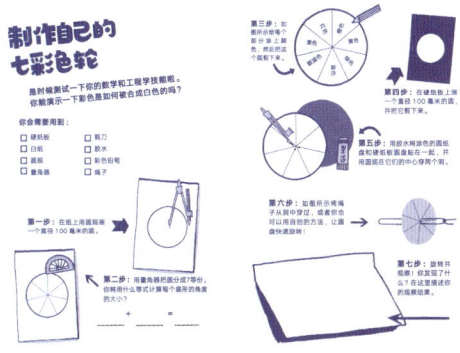

背景知识

本节内容让学生了解白光是如何由带颜色的光组成，以及反过来如何将白光分解成光谱。这些内容将帮助学生为第五章内容的学习做好准备，在第五章中将介绍光谱的概念，以及在这一知识的指导下探索如何运用韦布空间望远望了解宇宙。

活动安排

首先回顾学生对光谱的了解程度。问学生一些关于颜色的问题：都有哪些不同的颜色？能把不同颜色混合起来吗？不同的颜色混合在一起会发生什么变化？如果条件允许，使用滤镜演示混合不同颜色会产生什么不同的结果。

其次问学生：光是什么颜色？展开讨论——为了增加互动性，可以在教室的各处放上不同颜色的色纸（组成彩虹的七种颜色和白色），让学生站到自己认定的光的颜色对应的区域中。

在这一阶段，你不需要告诉学生答案，但你可以告诉他们，在课程结束时会再回到这个问题上来。

向学生提问，彩虹有多少种颜色？向学生征询如何记住光谱颜色的建议。例如用"约克的理查徒劳地战斗"（Richard Of York Gave Battle In Vain）这样的记忆法。（译者注：首字母分别是 R、O、Y、G、B、I、V，对应着红 Red、橙 Orange、黄 Yellow、绿 Green、蓝 Blue、靛 Indigo 和紫 Violet）。

向学生说明，本节的任务是制作一个七彩色轮，探索将光谱中的颜色混合到一起时会发生什么变化。

收集资料，按照工作纸上的指南进行操作。

本节课程的最后，问这样一个问题：哪些颜色组成了白光？通过讨论，引导学生得出白光是由光谱中的彩色光组成的结论。

本节活动答案

在第二步中用到的等式是：

$360 \div 7 = 51$（四舍五入到整数位）

所需资源

- 硬纸板
- 白纸
- 圆规和量角器
- 剪刀
- 胶水
- 彩色铅笔或水彩
- 线绳

课堂提问

- 光谱中有哪些颜色？

- 我们如何记住这些颜色呢？

- 哪些颜色合成了白色的光？

- 在自然界中，我们什么时候能看到不同颜色的光？

- 挑战：这些是光谱中仅有的颜色吗？

- 为什么你这样认为呢？

- 挑战：为什么我们能在彩虹中看到光谱的颜色？

额外的挑战 / 拓展活动

制作自己的分光仪。

探索天空为什么是蓝色的。

差异化教学思路

支持：

- 可以直接给大家提供圆纸片和圆纸板，无须学生自己绘制和剪切。

- 如果学生以前没有使用过量角器（测量角度）的经验，可以在圆盘上预先画好标记线。

挑战：

- 学生可以使用一个模板来画圆，而不是使用圆规。

- 如果他们难以准确地使用量角器，可以提前为学生画好他们需要画的角。

**有笔记吗？
写在这里！**

彩虹的配方

七彩色轮把彩色变成了白色，
那么我们要如何把白色的光变成彩色的光呢？
换句话说，我们要如何制造一道彩虹呢？
需要的材料十分简单——光和棱镜。
但是我们该如何利用这些工具制造出彩虹呢？
设计一份操作步骤图，别忘了加入一份彩色色图图表哦！

材料：

你只需要两种材料就能做出彩虹：

● 光

● 棱镜

方法：

活动 2.3：彩虹的配方

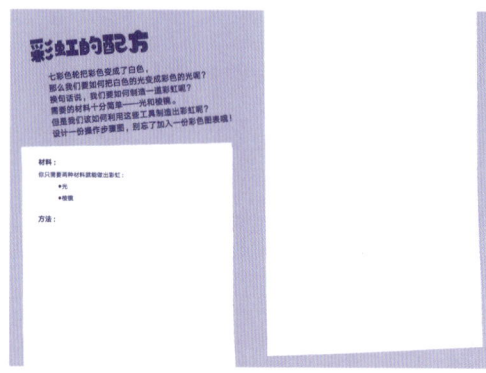

背景知识

詹姆斯·韦布空间望远望用巨大主镜收集来自宇宙的光，帮助我们了解遥远的恒星。它的一些专业的仪器将光分解成光谱，天文学家根据这些数据可以发现更多太空物体的信息，比如它们是由什么物质构成的。尤其需要指出的是，韦布可以捕获红外线，人类的肉眼无法看到这种波长的光线（如，我们无法看到家里电视遥控器发射的光，这种光可以更换电视频道），我们需要类似韦布空间望远镜携带的这些专业设备来探究那些原本不可见的物质。

1738 年，弗雷德里克·威廉·赫歇尔（Frederick William Herschel）首次发现了红外线。他用棱镜把光分解成光谱，然后测量每种颜色的温度。当他测量到红光外侧的温度时——那里目测似乎没有任何颜色——但是却比光谱中的其他颜色区域的温度更高。继这项发现之后，赫歇尔证明了这种看不见的光，也就是后来被称为红外线的光，同太阳光有着一样的折射和反射方式。在活动 2.4："红外线自画像"中我们将进一步研究红外线。将光线分解成光谱的科学称为光谱学。天文学家们利用光谱学来了解恒星的特性。

完成活动 2.1："光线，镜子，动起来"和活动 2.2："制作七彩色轮"之后，本活动让学生再次重温如何使用棱镜或其他物体将白光分解成有色光的过程。课程设计尽可能保持开放，这样教学者可以根据他们现有的教学资源和学生的知识储备来进行调整。

活动安排

评估本班学生的理解能力。学生应该知道光是沿直线传播的，在学习了七彩色轮之后，应该理解"白光是由光谱中的彩色光组成的"这一概念。

为学生提供各种资源，留出时间让他们探讨如何将光谱中的彩色光展示出来的思路（在全班讨论之前先成对或分组讨论）。

所需资源

- 白色的纸或其他表面

- 手电筒或其他光源

- 一些棱镜

理想情况下，应该提供以下资源：

- 白色的纸或白色物体的表面
- 手电筒或其他光源
- 一些棱镜

如果你没有棱镜，可以把水晶放置在明亮的太阳光下进行实验。光会在浅色的物体表面显示出颜色。你还可以用彩虹的图片、潮湿的街道上汽车滴下的油渍，或者是肥皂泡来展示光谱的颜色。

鼓励学生自由探索如何将手电筒（或是其他光源）发出的白光分解为光谱的办法。

学生可以用不同的方式记录他们的研究计划和预计的实施效果，鼓励学生用科学的方法工作、选择需要的设备，并用图表、标签及编号或要点来记录实验过程。

本节活动答案

这个短片解释了棱镜是如何使光线发生折射（而不是反射）——请参阅有用链接。

它还包含一段简单的示范，指导学生如何设计自己的实验，把白光分解成光谱，显示彩虹的颜色的过程。

课堂提问

- 如何演示白光中包含不同颜色的光？
- 你能把白光分解成多少种颜色？
- 你能描述一下，当光线穿过棱镜时发生了什么变化吗？
- 在自然界中，我们在哪里可以看到这些颜色？

额外的挑战／拓展活动

探索折射的概念。

研究光谱的波段，并运用图形或其他可视化方法展示出来。

研究紫外线来了解不可见光。使用紫外线进行实验，或联系当地 STEM 大使获取更多帮助。

差异化教学思路

支持：

- 仅提供一种光源和一种棱镜来指导学生设计自己的实验。

有笔记吗？

写在这里！

挑战：

- 提供一系列物资，其中一些与活动无关，培养学生识别什么东西有用，什么东西暂不需要的能力。

- 让学生探索光谱中可能存在七种以上颜色的想法。

教学小贴士！

如果你的教室里没有棱镜，可以用其他的东西替代棱镜。如玻璃，甚至是透明的塑料尺。

红外线自画像

想象一下，如果我们能看到那些原本不可见的东西会是什么状况。韦布望远镜将通过探测红外线来发现宇宙中的新事物。红外线是一种我们肉眼不可见的光，就像同样不可见却会导致皮肤晒伤的紫外线一样，我们的身体可以通过红外线产生的热量感受到它的存在。用红外线画一幅自画像，看看红外线能发现关于你的什么秘密！

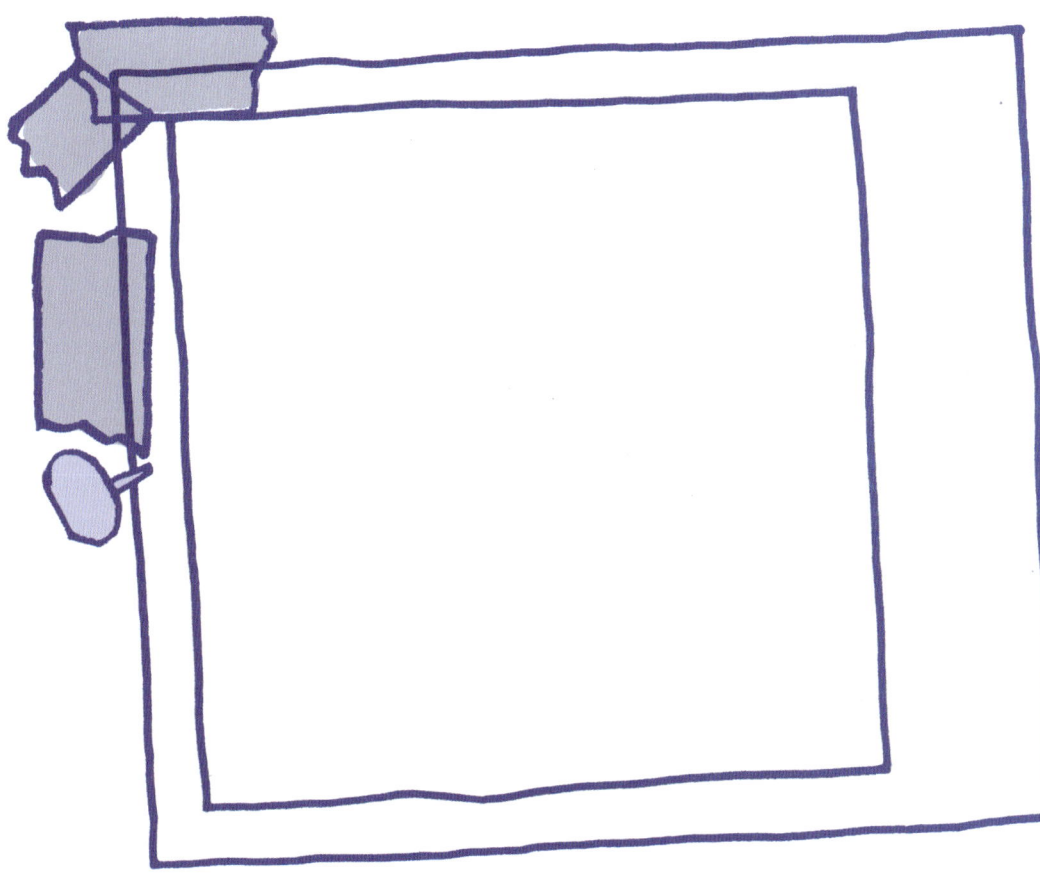

你好，太空观测家！

我是马蒂恩·威尔斯（Martyn Wells），一名为韦布望远镜工作的光学工程师。让我们来看看你在红外线下的样子吧。

使用一个从冷到热表示温度的彩色温标，然后用这些颜色画一幅自画像，显示你的脸比较热和比较冷的部分。

热

彩色温标

冷

活动 2.4：红外线自画像

背景知识

詹姆斯·韦布空间望望可以探测到，来自宇宙深处，穿越厚厚的太空尘埃云的红外线。这意味着通过韦布空间望远镜，我们可以看到原本对我们隐藏不见的东西，如原恒星（婴儿恒星）。

红外线是一种肉眼看不见的光线，但是我们可以通过热量感受到它。宇宙中一切有温度的物质，从恒星、行星到动物、微生物，甚至像木炭这样的非生物体都会散发出热辐射／光。散发多少热辐射取决于它们的温度有多高。对于"正常"温度的物体，大多数热辐射都处在红外光谱中，这意味着它们会被红外（IR）摄像机——比如，韦布空间望远望上配置的那些相机探测到。

红外线技术还可以告诉我们物体的温度有多高。通常红外线相机的设置会将热一些的物体（或地区／区域／部分）设为亮色，将冷一些的物体（或地区／区域／部分）设为暗色。热成像摄像机（如夜视摄像机）就是红外技术的具体应用。

在进行本活动之前，咨询学校的管理部门是否有红外线相机用于热能测试。

另外，苏格兰地区的学校也可以从当地政府那里借一部热成像相机用于课堂示范。有关此方案的更多信息，请联系苏格兰学校设备研究委员会（Scottish Schools Equipment Research Council，简称 SSERC）——请参阅有用的链接。

活动安排

学生应该事先对肖像画有一定了解，并且熟知彩色铅笔的混色技巧。学生将需要选一些彩色铅笔来完成本任务。学生可以根据传统的规则，由冷到热用从蓝到红的颜色表示。他们也可以按自己的想法选择颜色。

首先询问学生，是否有人知道什么是"红外线"。问问他们是否知道其他类型的光（例如可见光、紫外线等）。

所需资源
- 彩色铅笔

告诉他们，有些动物能够看到我们看不见的那些波长的光（例如，蜜蜂可以看到紫外线，蛇可以看到红外线）。电视遥控器使用的是我们看不见的红外线，但一些手机的摄像头却可以捕捉到红外线。（如果你将遥控器对准手机摄像头并按下按键，你会通过手机屏幕看到明亮的红外光束，但你用肉眼却无法直接看到）

查看示例，讨论红外线是怎样被运用在太空研究中的。在 2 分 45 秒时暂停视频，讨论示范者面部种特征。全班同学一起讨论红外相机的颜色范围（从黑色到明亮的白色，并随着温度的升高在蓝色、紫色、红色、橙色、黄色的光谱中移动）。可以让学生在彩色温标上涂色来表现颜色范围，或者让他们创建自己的一套从冷到热的彩色温标。

当每个人都画好了自己的彩色温标，可以开始向学生介绍红外线图像了。先给他们看一些红外相机拍摄的动物图片，注意哪些动物有皮毛，哪些没有，从图像上看有什么区别？学生注意到温血动物和冷血动物的图像有什么不同吗？如果一个人戴着眼镜，阻挡了红外线，图像看上去又有什么不一样？

现在学生可以画自己了。首先确认脸上哪一块温度相对高，哪一块温度相对低。让学生想想，他们的脸上哪些部位会比其他部位温度更高一些呢？一般说来，耳朵和鼻子的温度会比较低，眼皮、嘴巴和嘴唇会高些。

用他们的指尖去体会，学生可以找到脸部的哪些区域更暖或更凉吗？体会一会儿之后，他们就可以用这些信息勾勒出自己的脸，并用彩色铅笔进行着色。按照他们的彩色温标中的颜色光谱，从冷到暖仔细地上色。戴眼镜的同学可以选择如何表现自己。其他同学可能喜欢把自己画成戴着墨镜的样子。

在本节课程结束前，问问学生这节课学到了哪些有关红外线的知识。

课堂提问

- 人类能看到哪些类型的光？

- 光还有哪些其他的类型？

- 红外线如何帮助我们研究太空？

- 根据一位学生选择的彩色温标，温度低一些的物体在红外线相机上会显示出什么颜色？温度高一些的物体又会有什么不同呢？

有笔记吗？

写在这里！

61

额外的挑战 / 拓展活动

通过这个实验来探索红外线。

差异化教学思路

支持：

- 一起设计彩色温标，并在黑板上示范如何完成该任务。
- 示范调色的技巧，让学生在开始活动前练习调色。

挑战：

- 看看能否在没有老师的帮助的情况下，让学生独立完成彩色温标的设计。
- 学生可以使用水彩铅笔。

教学小贴士！

红外线对于年幼的学生来说比较难理解。可以将它与紫外线做比较。我们看不到紫外线，但是紫外线会晒伤皮肤。

找出你在本章中新学到的单词，并将它们添加到本书最后一章《外太空图解词典》中。

注意：单词可能是正着写，倒着写，或是斜着写的。

L	B	G	I	S	K	N	S	I	T
A	R	Q	L	I	U	P	G	N	C
C	O	H	O	F	E	R	P	F	E
I	S	P	S	C	A	R	P	R	L
T	B	R	T	D	M	P	L	A	F
P	A	R	I	Q	I	D	X	R	E
O	U	E	L	I	G	H	T	E	R
M	N	F	W	Z	I	O	K	D	S
T	C	J	T	Q	U	E	C	Q	B
X	K	D	F	I	X	S	U	I	V
P	R	I	S	M	Q	J	T	J	Y

你能发现以下 8 个字母开头的单词吗？

A L R G O S I P

第二章：词汇找找看①

L	B	G	I	S	K	N	S	I	T
A	R	Q	L	I	U	P	G	N	C
C	O	H	O	F	E	R	P	F	E
I	S	P	S	C	A	R	P	R	L
T	B	R	T	D	M	P	L	A	F
P	A	R	I	Q	I	D	X	R	E
O	U	E	L	I	G	H	T	E	R
M	N	F	W	Z	I	O	K	D	S
T	C	J	T	Q	U	E	C	Q	B
X	K	D	F	I	X	S	U	I	V
P	R	I	S	M	Q	J	T	J	Y

家是否找出其中的单词。

当他们完成词汇搜索之后，提醒他们把这些新单词记录在《外太空图解词典》中（请参阅活动 6.2）。

背景知识

"词汇找找看"是一种有趣的增加学生词汇量的方法。你可以利用《外太空图解词典》来进行活动拓展（请参阅下文）。

活动安排

"词汇找找看"为大家提供了一个回顾和讨论每一章所涵盖内容的机会。要找到每个单词，首先看表格下方给出的首字母。学生以班级为单位或结对子讨论，分析这可能是哪些单词。看看大

本节活动答案

词汇找找看第二章：吸收（Absorb）、光线（Light）、反射（Reflect）、梯度（Gradient）、光学的（Optical）、光谱（Spectrum）、红外线（Infrared）、棱镜（Prism）

定义：

吸收（Absorb）：通过化学或物理作用吸取或吸收。

光线（Light）：对视觉形成刺激，使事物可见。

反射（Reflect）：反弹而不吸收光线。

梯度（Gradient）：坡度；某物（例如一条线或一个面）在水平面之上或之下倾斜的程度；某个参数（温度，亮度）增加或减少的程度。

光学的（Optical）：与视觉相关的，尤指与光的作用相关的；落入光谱中肉

所需资源

- 尺子
- 用来查询资料的计算机、电子设备或教科书
- 钢笔 / 铅笔
- 外太空图解词典

眼可见部分的光。

光谱（Spectrum）：根据波长进行光的分离，其中一部分在人眼中是可见的，看上去是一组颜色带。红外线（Infrared）：超出可见光谱红色端的光，不可见，但能被感受到。

棱镜（Prism）：三棱柱形状的玻璃或其他透明物体。

差异化教学思路

支持：

- 为学生分配单词，全班一起或是分组查找单词定义。

- 以班级或小组为单位，使用本章的单词创作一首歌曲。

- 把隐藏的单词提供给学生，以便查找。

挑战：

- 学生完成词汇的查找后，让他们设计一个自己的"词汇找找看"游戏。复印第 18 页的空白模板，或下载并打印模板（见有用的链接）。学生可以用自己的"词汇找找看"去测试一下其他同学。可以用不同的方式给出线索，如整个单词，单词首字母，或是单词的含义等。

教学小贴士！

作为一个额外的挑战，要求学生按照字母顺序排列答案。

有笔记吗？

写在这里！

第三章
为探索而生

詹姆斯·韦布空间望远望的诞生是一项科学和工程学相结合的壮举。学生在了解韦布空间望远镜独特设计的基础上，提高在数学、科学、设计与技术（D＆T）领域的能力，制作自己的太空望远镜，并为继续升级改造做好准备。

本章内容

太空蓝图

是时候为你解密空间望远镜设计图纸了。
拼图中每一个点旁边都有一道数学计算题。
首先完成这个计算，其次根据密钥线索的提示，
把这些点连接起来。

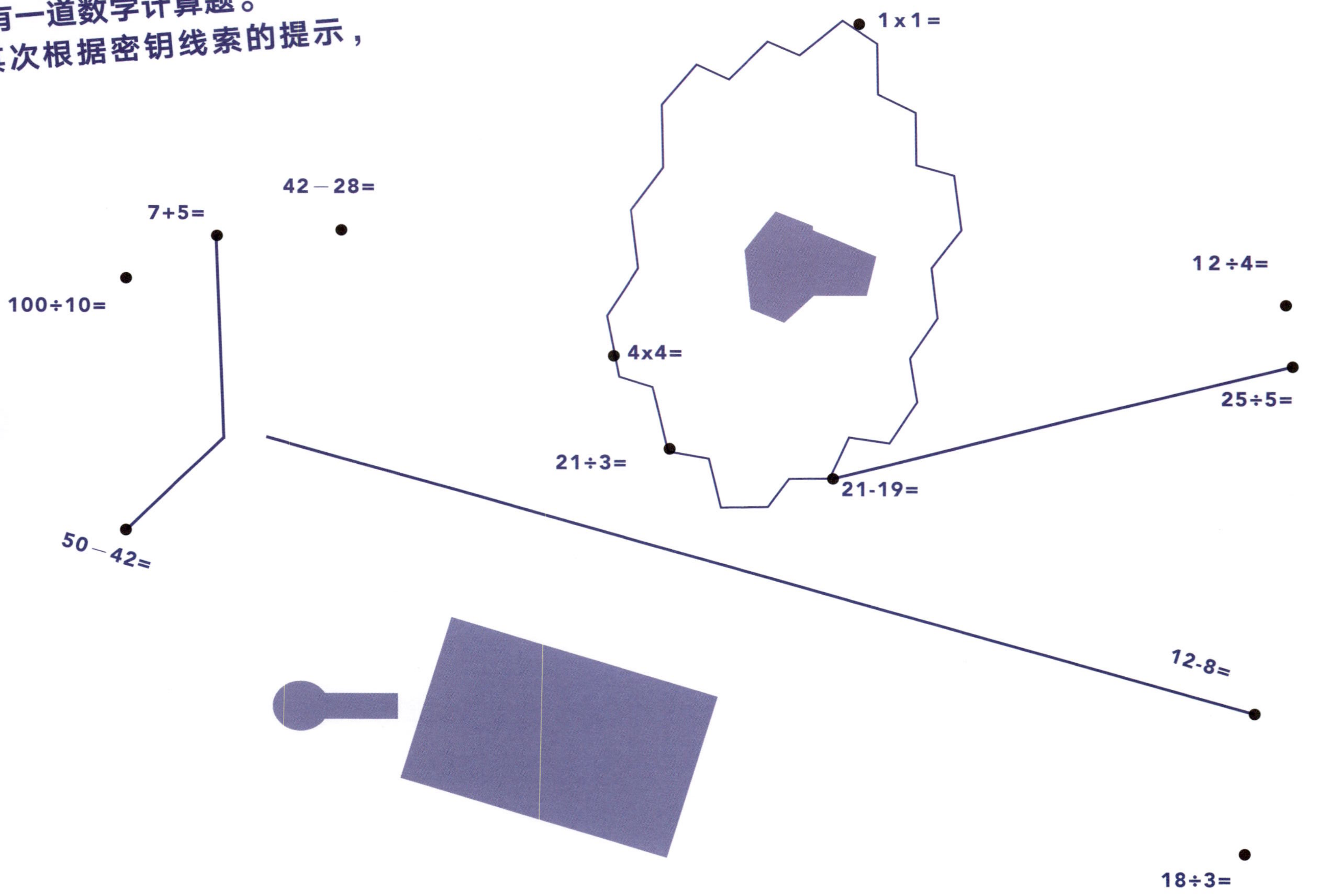

$12 \div 4 =$

$25 \div 5 =$

$12-8=$

$18 \div 3 =$

$1 \times 1 =$

$21-19=$

$4 \times 4 =$

$21 \div 3 =$

$42 - 28 =$

$7+5=$

$100 \div 10 =$

$50 - 42 =$

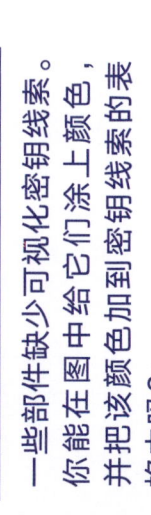

密钥线索	
天线	偶数
遮阳板	
主镜	
镜面支撑结构	奇数
控制系统	

一些部件缺少可视化密钥线索。
你能在图中给它们涂上颜色，
并把该颜色加到密钥线索的表
格中吗？

活动 3.1：太空蓝图

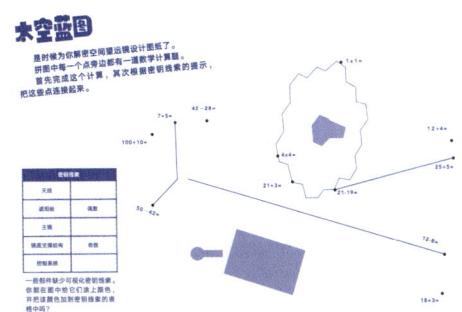

背景知识

本次活动帮助学生了解詹姆斯·韦布空间望远望的结构，同时说明它"冷和热"的两面。

韦布空间望远望的结构非常独特。其他太空望远镜通常是圆柱形的，带着长长的太阳能板。韦布空间望远望的主镜是镀金的六边形，立在银色的遮阳板中间，非常醒目。

韦布空间望远望的主要特征是：

主镜：独特的金色镜面由 18 块六边形组成。主镜收集太空物体发出的红外线。

副镜：这个较小的镜面正对着主镜，将主镜收集的光线反射到韦布空间望远望的科学仪器中。

科学仪器（工作纸上没有显示）：韦布空间望远望携带四种仪器，照相机和光谱仪被安装在科学设备模块中，该模块位于主镜的后部。

遮阳板：风筝形状的遮阳板大约有一个网球场大小，对韦布空间望远望来说起着至关重要的作用。它使其主、副镜和科学仪器免受来自太阳、地球和月亮的光、热干扰，使望远镜保持一个非常低的温度。为了探测太空中遥远的物体发出的微弱的红外线，其光学仪器和科学仪器必须受到保护，远离其他热源影响，甚至包括望远镜自身产生的热量。

遮阳板由五层闪亮的银色材料构成，每层间有间隙可以反射和散发热量。通过被动冷却，遮阳板使其低温那一侧保持低于零下 200 摄氏度的温度。

太阳能电池板（工作纸上没有显示）：韦布空间望远望的太阳能电池板将太阳光转换为电能，为望远镜提供电力。它们总是朝向太阳。

飞行器控制系统：该套组件包含转向和控制装置，以及控制它的计算机系统。

天线：指向地球的天线是韦布空间

所需资源
• 尺子

望远望和地球的联络工具。它向地球发送科学数据并接收控制中心发来的任务指令。

韦布空间望远望分有温暖的朝阳面和寒冷的背光面。它的遮阳板就像海滩上的遮阳伞，把两边分隔开。温暖的一面朝向太阳，这一面包括遮阳板前侧的设备：太阳能电池板、控制系统和天线。遮阳板后面的一切构成了寒冷的一面：主镜、副镜和科学仪器模块。

为了观测太空，韦布空间望远望的专业仪器必须维持在非常低的温度下。遮阳板使其冷的一面保持在零下 234 摄氏度以下——足够冷，它才不会发出红外线。

在这一温度下，韦布空间望远望四种仪器中的三种可以探测来自太空物体发出的光。第四种仪器——光谱仪（MIRI）则必须在一个更低的温度环境下才能正常运行。为了实现这一目标，工程师们研发了一种特殊的冷冻机，实际上就是一个太空冰箱，将光谱仪维持在零下 266 摄氏度。光谱仪通过隔热碳柱支架连接在科学仪器模块上，这种设计可以避免热量的传输。活动 3.3 保持低温状态中将进一步探索冷却和绝缘的话题。

活动安排

首先请学生举例，我们是如何做好防护，避免晒伤的（如防晒霜、太阳镜、帽子、防紫外线衣物、寻找阴凉处或一天中最热的时候待在室内、在海滩上使用遮阳伞等）。向学生解释，本活动主要介绍韦布空间望远望的结构，以及它的设计如何保护它免受太阳光的干扰。

根据本节提供的背景知识，让学生讨论韦布空间望远望的结构。全班阅读（或是请某位同学朗读）韦布空间望远望主要特征的信息，询问学生是否能够识别出望远镜上的不同组件。

当学生可以一一对应认出所有组件时，他们可以对照图片"基本结构 2"核对他们的答案。

太空望远镜必须在一个更低的温度环境下才能正常运行。为了实现这一目标，工程师们研发了一种特殊的冷冻机，实际上就是一个太空冰箱，将光谱仪维持在零下 266 摄氏度。光谱仪通过隔热碳柱支架连接在科学仪器模块上，这种设计可以避免热量的传输。活动 3.3 保持低温状态中将进一步探索冷却和绝缘的话题。

有笔记吗？
写在这里！

告诉学生，韦布空间望远望的遮阳板就像海滩上的遮阳伞一样，一面冷一面热。给全班看一张网球场的图片，让大家明白这就是遮阳板的大小。

让学生研究望远镜并与同伴（或全班）一起讨论他们注意到了什么。给他们一个组件，他们能否猜对该组件的位置应该是在寒冷面还是温暖面？

就以下问题提问，让学生和同伴一起讨论，并向全班说出自己的想法。

告诉学生，他们即将揭开望远镜设计图之谜。

讨论"密钥"一词，让学生在韦布空间望远望的寻找密钥表上列举出不同部件，并和设计图的内容一一对照。为检查学生是否理解图中的内容，让他们找到并画出控制系统、天线和主镜部分。熟悉了望远镜上的部件之后，他们就可以动手设计自己的密钥了。

告诉学生，他们需要计算出两组数——奇数和偶数。复习奇数和偶数的区别，以及明确需要何种类型的数字。让学生明白，他们的任务是算出算式，记录答案，然后再根据要求把它们对应的点连接起来（奇数和偶数）。

请参阅资料包，获取韦布空间望远镜冷、热两面的图片。

本节活动答案

遮阳板对应的答案／偶数：2，4，6，8，10，12，14，16

副镜对应的答案／奇数：1，3，5，7

课堂提问

- 望远镜的哪方面最能引起你的注意？
- 为什么望远镜的"温暖面"要叫这个名字？
- 观测望远镜镜面的位置，你注意到了什么？（帮助学生找到要点：遮阳板有助于防止太阳的热量的干扰）
- 太阳能电池板是在什么位置？太阳能电池板是用来做什么的？太阳能电池板是在韦布空间望远望的寒冷面还是在温暖面？为什么？

额外的挑战／拓展活动

研究韦布空间望远望的哪一面是寒

冷的，哪一面是温暖的，并找出它们各自所能承受的温度范围。

在计算机上设计韦布空间望远望的并标上标签。

拍摄一条一分钟的新闻报道，讨论并回答有关韦布空间望远望的问题。

创建一份关于韦布空间望远望的趣事的简介档案。

差异化教学思路

支持：

- 两名学生结对子或是以小组为单位一起回答数学问题。

- 让学生依次清晰记录每一个数。

- 通过提供解决方案实现差异化；让学生将这些点（奇数或偶数）从小到大连成线。

挑战：

- 学生独立地或是同一位伙伴一起回答数学问题。

- 学生能否在设计图上添加其他细节？

　　——标注出韦布空间望远镜的温暖面和寒冷面

　　——标注出每一面的温度范围

　　——用箭头标出太阳光的方向

- 学生能否独立解出点对点连线游戏中每道题的答案？

教学小贴士！

允许学生自己选择添加在密钥中的颜色。这不仅可以使活动更加个性化，还可以为那些色盲的同学提供支持。

现在，用不同的形状在下面绘制出一些对称的图案。你能创造出符合皮亚尔标准的图形吗？

对称线

超级镜面工程师

空间望远镜需要一面称为"主镜"的大镜子，用于收集大量的光线，并将光线反射到它的专业仪器中。要达到这个目的，最好的解决方案是使用一面对称的镜子。根据下面的工程任务简介，你能设计一面这样的镜子吗？

嗨，太空探险家！

我是皮亚尔·萨马拉·拉特纳 (Piyal Samara-Ratna)，一名机械工程师。你能设计一面对称的镜子吗？它由19块各种形状的部分组成，而且每个部分之间不能有空隙，这样我们就不会丢失任何宝贵的光线了！

活动 3.2：超级镜面工程师

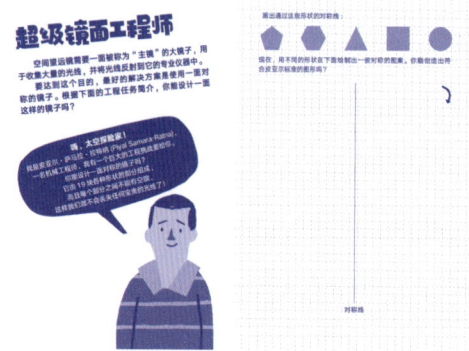

背景知识

詹姆斯·韦布空间望远望令人惊艳的主镜非常有辨识度。主镜的形状为六边形，最宽处跨度为 6.5 米，是哈勃空间望远镜主镜大小的 2 倍多（哈勃的圆镜直径为 2.4 米）。要知道，望远镜的镜面越大，收集到的光就越多；收集到的光越多，我们能够看到的就越多。

韦布空间望远望的主镜由 19 块尺寸完全相同的六边形组成。其中 18 块是镜子，被称为子镜。这些子镜围绕在位于主镜中心、占据了第 19 个六边形位置的光学系统周围。六边形的子镜之间无缝衔接，任何射向镜子的光都不会散失。主镜的每一面子镜都可以进行调节，以便将光聚焦到较小的副镜上。然后副镜再将光投射到韦布空间望远望的科学仪器中。

韦布空间望远望主镜独特的颜色来自于镀的一层极薄的黄金。镀金层会增强镜面对红外线的反射。

活动安排

以一系列提问开启本次活动：镜面的功能是什么（反射光线）？为什么望远镜中要用到它们（为了收集比我们的眼睛能够看到的更多的光线）？全班一起讨论不同类型的镜子，如果我们看向一个非平面的镜子，如一个勺子，我们看到的光的反射会有什么不同？

让学生思考不同望远镜的镜面的形状。他们熟悉哪种望远镜的镜面呢？他们知道为什么镜面被切割成不同形状吗？

向学生介绍韦布空间望远望的主镜。在设计镜面时，工程师们要确保它质量轻、坚固、可以折叠成紧凑的结构以供发射。它还可能是类圆形、对称

所需资源

- 尺子

的，这样才可以生成没有复杂失真的图像。

向学生讲解，他们设计的镜子应该是对称的。请学生解释其中的原因。参见工作纸上的二维图形，让学生画出每个形状的对称线。让他们观察哪些形状具有最多的对称线。

提醒学生，他们的任务是设计形状对称的镜面。本活动不是让学生设计和韦布空间望远镜一模一样的镜面，而是在保证对称性的前提下寻找各种可能性和解决方案。学生可以尝试选用工作纸上提供的部分或全部图形，在空白的位置画出来。

在构思他们的最终设计、做出选择之前，学生可以先使用本活动提供的形状模板，试试各种不同的组合方式。这些形状可以从网站上下载、打印。

在活动的最后，看看韦布空间望远镜的工程师们最终选定的设计方案，让学生将其与自己的方案进行比较。浏览本活动网页上的视频，学生可以从中了解建造镜面的过程。作为支持，你也可以在同学们开始设计镜面之前播放这段视频。或者，在他们完成设计之后再在班级播放，这样他们就可以将他们的设计同韦布空间望远镜的设计进行对比。

课堂提问

- 主镜的用途是什么？

- 为什么对望远镜来说，收集尽可能多的光线很重要？

- 韦布空间望远镜的主镜是什么形状的？

- 工程师们选择这种形状是出于哪些考虑？

- 为什么主镜是由更小一些的子镜构成的？

额外的挑战 / 拓展活动

再画些带有一条对称线的"镜面设计图"让班级同学去完成。

研究一些其他望远镜使用过的主镜，如欧洲的特大天文望远镜（Extremely Large Telescope）或哈勃空间望远镜。

用更多形状（如八边形）绘制图案，看看它们是否能够创造出另一种可行的镜面设计方案。

有笔记吗？

写在这里！

差异化教学思路

支持：

• 为学生提供可借鉴的设计方案。

挑战：

• 给学生讲解更多的对称线能使望远镜的观测效果更好。让学生在不同的镜面设计中找出更多的对称线，除了垂直的对称线，还有水平的对称线或对角线等。

• 在更多的限制条件下进行绘图设计（如，不准使用直角）。

教学小贴士！

从如下链接下载模板，discoverydiaries.org 让同学们尝试不同的设计选项。你可以在本活动页面的"附加"项下找到该模板。

保持低温状态

红外线相机是望远镜的"眼睛"。

它需要极低的温度才能正常工作。

你能通过实验，找出用哪些方法能让它保持低温吗？

哪种方法在太空中可行呢？

我想知道……

我需要用到以下材料：

我的方法是：

我预期……

画出

你的实验绘图

并贴上

标签。

活动 3.3：保持低温状态

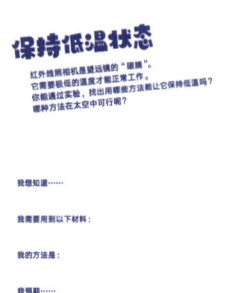

风险评估

如果需要在本活动中使用冰和／或温水，请在活动前根据学校或机构的要求和程序进行风险评估。

背景知识

本活动将探索维持物体低温的不同方法。

人们通常会误以为太空到处都非常寒冷。事实上，太空中某些地方非常冷，比如海王星的平均温度是零下 214 摄氏度，然而太空中也有非常热的地方。如果我们测量环绕地球运行的国际空间站外面的温度，朝向太阳的那一面的温度可以达到 150 摄氏度。

太空中物体的温度取决于诸多因素，包括它们自身是否发光发热，它们同其他热源、光源的距离，它们的反射性能如何，是否存在大气层，大气层有什么特性等。例如，尽管金星比水星距离太阳更远，但由于它厚重的大气层，所以金星比水星更热。

詹姆斯·韦布空间望远望具有"冷"和"热"的两面，正如活动 3.1："太空蓝图"中所述，面对太阳的温暖面，温度高达 80 摄氏度；背对太阳的寒冷面保持在零下 233 摄氏度，因为韦布空间望远镜的遮阳板可以帮助它反射并散热。

光谱仪（MIRI）是韦布空间望远望的特殊仪器之一。它探测由太空物体发出的红外线，并为这些物体创建图像及光谱供科学家进行研究。为了使 MIRI 捕捉到红外线，它必须保持在零下 266 摄氏度，这比其他仪器需要的低温还要低上 30 摄氏度。正因为如此，工程师们特别为 MIRI 开发了一套低温冷却系统。

这项实验让学生探索什么材料是热的良导体或不良导体。学生可以试用各种材料，用它们隔离冰块，测量热量的

所需资源

- 冰块
- 温度计
- 时钟／计时设备
- 多种材料，包括：锡纸／反射材料；隔热材料，如棉绒／织物／纸板等
- 其他建筑／设计与技术（D&T）

材料

- 透明的塑料杯／容器／烧杯
- 硬纸板——需要制作盖子（且是绝缘的）
- 温水——无法取得冰块时的替代方案，用来衡量其冷却的速度（可选）

散失。这将帮助他们找出哪种材料是最有效的隔热材料。这项活动的设计旨在让学生体验科学实验，对所有年龄组都可行。

活动安排

讨论太空中的不同位置为什么有的地方热，有的地方冷；为什么保护韦布的科学仪器不受太阳热量的影响非常重要？

讨论过后，让学生进行实验来回答以下问题：哪种材料能提供最好的隔热效果？

学生按照自己的想法设计实验并操作。

示范一种简单的方案：

- 选择三种不同的隔热材料。

- 把冰块放入 3 个塑料或玻璃的杯子 / 容器 / 烧杯中。学生决定冰块的数量或重量。如果是高年级学生一起，那么你可以在这里讨论一下控制变量的重要性。

- 用不同的材料盖住每一个杯子——可以用作盖子，或是包裹住容器，或者两者兼而有之。

- 将杯子放置在一个热源的下方，如，太阳 / 窗台 / 灯等。

- 每隔一段时间（学生决定适合的时间间隔，老师可以建议 15 秒、30 秒、60 秒等，最终由学生进行选择）记录面对热源的那一面材料表面的温度

和每个杯子底部的温度。

- 在提供的表格中记录结果。

- 学生用图表展示结果。

本节活动答案

学生得出自己的结论。

建议使用的现成材料有：脱脂棉、纸板、气泡纸、布料、纸、塑料、锡箔纸、橡胶、泡沫。

最合适的时间间隔通常是 60 秒。

得出结论时，冰块融化（升温）越慢的隔热材料越好。

一份科学结论的参考模板：

我们找到的最好的隔热材料是（输入材料名称）。因为数据显示冰的温度上升得最慢。这表明在这种情况下，热量损失最慢，或者说被隔热材料隔绝的热量最多。在每次实验开始时，冰的温度为（输入温度），经过（输入时间段，如 5 分钟）它的温度增加了（输入增加的温度）至（输入最终温度读数）。

课堂提问

- 什么是热的良导体？

- 什么是热的不良导体？

- 为什么了解不同材料的不同属性很重要？

有笔记吗？

写在这里！

- 如何利用不良导体的知识为我们的日常生活提供帮助？

- 我们如何运用这些知识给宇航员设计保暖的太空服呢？

额外的挑战 / 拓展活动

让学生探索以下问题来拓展他们的科学思维：

- 学生能用图表来展示实验结果吗？

- 学生能计划他们实验的下一步吗？

- 从这个实验中发现了哪些问题？

如果可以，使用红外线照相机观察在不同类型隔热材料进行比较的实验过程中，热量是如何传导的。咨询学校的行政部门，是否可以提供一部红外线照相机进行热量检测。或者，苏格兰的学校可以从地方当局借用热成像相机。获取更多此计划信息，请与苏格兰学校设备研究委员会（Scottish Schools Equipment Research Council，简称SSERC）联系（www.sserc.org.UK）。

差异化教学思路

支持：

- 使用支持框架得出结论 / 结果表。

挑战：

- 使用拓展活动的问题挑战学生的思维能力。

- 他们能够测试良导体吗？什么东西会增加热量传导的速度？

教学小贴士！

如果你能在课堂进行实验，《外太空日记教师工具包》中包含一个结果记录模板，学生可以用来记录温度随时间变化的测量值。

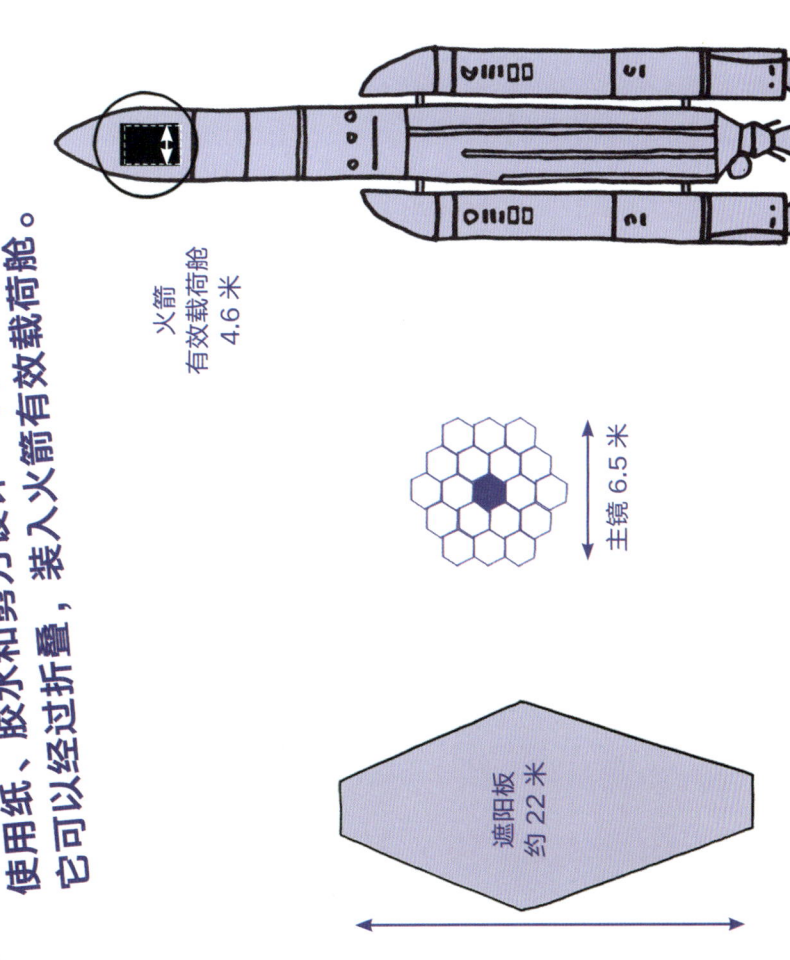

打包装载

工程师们正在试图寻找一种方法，把韦布望远镜装入阿丽亚娜 5 型（Ariane 5）运载火箭，使用纸、胶水和剪刀设计一个望远镜的模型，它可以经过折叠，装入火箭有效载荷舱。

火箭
有效载荷舱
4.6 米

主镜 6.5 米

遮阳板
约 22 米

你的模型只能选用以下五种部署机制：

弹簧　折叠　卷曲　推 / 拉　铰链

有效载荷舱
制作一个韦布望远镜的模型，折叠并放入虚线中的区域

活动 3.4：打包装货

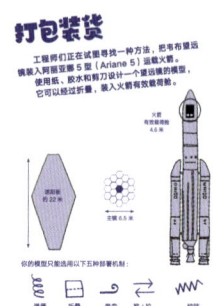

背景知识

詹姆斯·韦布空间望远望是迄今为止人类建造的最具雄心的太空望远镜。它的主镜直径 6.5 米，风筝形遮阳板展开面积大约为 22 米 *10 米（相当于一个网球场大小）。如果想把这么大的望远镜不加以折叠就送入太空，我们将需要一个巨无霸的火箭，远超迄今为止人类建造的任何一个火箭的大小。

为了把韦布空间望远望装进运载它的火箭——阿丽亚娜 5 型火箭，工程师们参考折纸艺术，精心设计了望远镜的折叠方式。但是折叠韦布空间望远镜并装进火箭并不是唯一的挑战；工程师们还必须确保望远镜可以在太空中正确地展开。

有关韦布空间望远望是如何被设计成适合阿丽亚娜 5 型火箭"有效载荷舱"（火箭真正的目的就是把这部分送入太空）的参考图片，请参阅活动网页上的图片。

在图片中你将看到韦布的主镜被设计成可折叠，它外侧两边的六边形副镜可以向后折叠 90 度，这样主镜就可以顺利装入火箭了。遮阳板的薄膜卷起来，支撑薄膜的框架在主镜的两侧折叠起来以便发射。副镜由三臂支撑结构固定在适合的位置，当韦布空间望远镜装入火箭内部时，其中一条臂悬置在主镜上方。韦布空间望远镜的太阳能电池板在布署的初期就已经展开，为望远镜提供电力。

你可以在活动页面找到一段精彩的视频，看到韦布空间望远镜关键部件的概述以及它们是如何被折叠起来以备发射。

这段视频中还有正在建造的望远镜的图像，你能感知它的大小。

注意：这段视频的发射日期（2018年）是不正确的。

活动安排

在活动网页上，你将看到一个有关韦布空间望远镜如何在太空中展开的短

所需资源

- 手工纸和其他设计与技术
- （D&T）材料
- 胶水
- 剪刀

片。给学生播放短片，并问他们是否注意到片中提到的日期。学生有没有在新闻上看到这次发射？（接着解释发射日期已经被推迟了）提问学生有关这段短片有关的问题。这将有助学生加深对望远镜及其机理的理解。

向学生解释，本活动要求他们通过讨论和实验，规划设计一个可以折叠放入有效载荷舱的望远镜模型。模型需要包含的组件的数量可以根据学生的能力进行调整。但一个最基本的模型至少要包括：

- 太阳能电池板
- 遮阳板
- 主镜

可以鼓励学有余力的同学在设计中包含：

- 天线（在短片中被称为通信碟形天线）
- 副镜

告知学生，他们需要使用工作纸上给出的不同方法来制作模型，以保证将来能够被采用。让学生有时间尝试这些不同的方式，这样会对如何折叠、卷曲和其他利用纸张的方式有一个更好的理解，有助于他们制作一个可以展开的模型。使用弹出式立体图书向学生演示这些他们可能已经熟知的方法。

问 / 答，在小组或是同桌间讨论：

- 我们可以用什么方式使纸张移动位置？
- 我们如何使纸张弹出 / 弹起来？
- 我们如何把纸张变小？

讨论学生的答案并与全班的同学分享。在教室的白板上记录所有五种不同的机制，以便让学生在设计和制作过程中参考。

把班级分成能力混搭的小组。

为每个小组提供所需的资料——纸张、胶水和剪刀等。

向学生说明，他们会有一些思考和交流的时间来讨论。给学生时间，让他们和旁边的人讨论各自的想法。学生需要思考如何设计望远镜，以及要在哪些地方使用何种机制。

给学生时间和小伙伴分享自己的想法——这既有助于其他人"收集想法"，也有助于改变或是改进自己的思路。

确保所有的学生明白自己的任务是什么。你可能想为他们提供一些额外的帮助，例如如何完成任务的例子。向学生说明，他们可以使用多种展开方式来部署韦布空间望远镜的每个组件（例如，卷起，铰链以及折叠都可运用在遮光板上）。

有笔记吗？

写在这里！

本节活动答案

为了保证望远镜可以正常展开，学生应该制作一个以如下顺序展开的模型（在括号中给出了每个装置建议的方法）：

- 太阳能电池板（折叠和铰链）

- 天线（铰链）

- 遮阳板（卷起和铰链）

- 副镜（铰链）

- 主镜（折叠）

这意味着它们在折叠的时候应该按照和上面相反的顺序进行。

课堂提问

- 谁建造了韦布空间望远镜？

- 为什么对韦布空间望远镜来说，能够被折叠起来非常重要？

- 人们如何表述遮阳板的尺寸？

- 旅程需要多长时间，要走多远？

- 关于韦布空间望远镜的展开方式你注意到什么了？

- 你在短片中看到了哪些部署机制？

- 为什么科学家要等这么久才能使用望远镜？

额外的挑战／拓展活动

学生扮演望远镜工程师的角色，通过亲自演示他们的设计方案或录制演示文稿来解释他们在模型中使用的不同机制。

鼓励学生去研究其他的望远镜并创建一个模型。

学生可以以美国国家航空航天局（NASA）工作人员的视角写一篇日记，记录发射前的准备／望远镜的实际建造情况。

录制采访：美国国家航空航天局工作人员和新闻团队的问答环节。

挑战学生，让他们用别的办法做一个能自动部署的结构。

差异化教学思路

支持：

- 作为支持，学生可以在一个有人指导的小组，或者与一名同伴一起工作。

- 如果需要，可以用提示卡向学生提供一些思路，帮助他们建立学习的框架。提示卡可以包含各种可选的部署机制。

- 让学生绘制一份计划图，并在计划上列示各种可能的机制。这将有助于让他们能够循序渐进地安排学习计划。

挑战：

- 为学生分配能力混搭的小组。

- 让学生独立完成。

- 如果需要，通过提示卡向学生提供思路，帮助他们建立学习框架。

- 如果需要，让学生在白板上列一个快速计划并执行。

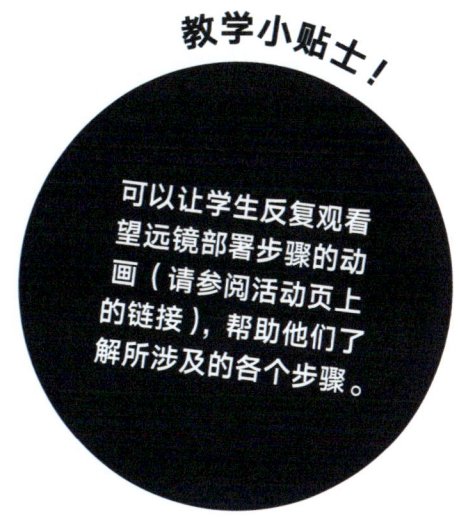

教学小贴士！

可以让学生反复观看望远镜部署步骤的动画（请参阅活动页上的链接），帮助他们了解所涉及的各个步骤。

第三章
词汇找找看

找出你在本章中新学到的单词，并将它们添加到本书最后一章《外太空图解词典》中。

注意：单词可能是正着写，倒着写，或是斜着写的。

Y	J	P	A	M	O	V	M	O	T
M	R	I	A	W	Q	E	I	E	C
I	T	E	P	Y	T	T	R	K	U
R	J	L	V	H	L	U	I	O	R
R	R	N	O	O	T	O	K	P	T
O	A	D	Q	C	C	E	A	Y	S
R	B	I	U	L	M	S	Z	D	N
S	C	R	A	N	U	B	I	D	O
V	T	R	L	G	U	D	B	D	C
S	E	N	G	I	N	E	E	R	P
T	N	E	M	I	R	E	P	X	E

你能发现以下 8 个字母开头的单词吗？

C E P D M S E M

第三章：词汇找找看②

背景知识

"词汇找找看"是一种有趣的增加学生词汇量的方法。你可以利用《外太空图解词典》来进行活动拓展（请参阅下文）。

活动安排

"词汇找找看"为大家提供了一个回顾和讨论每一章所涵盖内容的机会。要找到每个单词，首先看表格下方给出的首字母。学生以班级为单位或结对子讨论，分析这可能是哪些单词。看看大家是否找出其中的单词。

当他们完成词汇搜索之后，提醒他们把这些新单词记录在《外太空图解词典》中（请参阅活动 6.2）。

本节活动答案

词汇找找看第三章：发现（Discovery）、建造（Construct）、实验（Experiment）、结构（Structure）、镜子（Mirror）、方法（Method）、工程师（Engineer）、有效载荷（Payload）

定义：

建造（Construct）：制造或建筑。

工程师（Engineer）：设计、建造、维护或控制事物（如结构、机械）和／或系统（如软件、电气）的人。

有效载荷（Payload）：用运载工具运送的物品，包括发射到太空的火箭。

发现（Discovery）：发现的动作或过程；查找信息的过程，尤指第一次。

所需资源

• 尺子

• 用来查询资料的计算机、电子设备或教科书

• 钢笔／铅笔

• 外太空图解词典

镜子（Mirror）：一个能反射图像的表面，通常是镀有金属合金涂层的玻璃。

结构（Structure）：由几个部分组成的建筑物或物体；复杂事物的不同部分或元素的排列。

实验（Experiment）：为发现、检验假设或证明已知事实而进行的科学程序。

方法（Method）：完成某件事的过程和程序。

差异化教学思路

支持：

- 为学生分配单词，全班一起或是分组查找单词定义。

- 以班级或小组为单位，使用本章的单词创作一首歌曲。

- 把隐藏的单词提供给学生，以便查找。

挑战：

- 学生完成词汇的查找后，让他们设计一个自己的"词汇找找看"游戏。复印第 18 页的空白模板，或下载并打印模板（见有用的链接）。学生可以用自己的"词汇找找看"去测试一下其他同学。可以用不同的方式给出线索，如整个单词，单词首字母，或是单词的含义等。

教学小贴士！

让学生用找到的单词造句，以此拓展本节内容。

有笔记吗？写在这里！

该指南由获奖小学教师克莱尔·洛伊佐斯（Claire Loizos）撰写，本书为鼓励女孩参与STEM项目提供了创造性的想法和实践的资源，会给你带来许多灵感，使科学对所有的学生来说变得有趣又有收获，不受性别的限制。

"所有的这些想法都是基于第一手的经验，课堂观察和研究，这本小册子也特别根据学生的意见进行了评估和调整。"

—— 克莱尔·洛伊佐斯，小学教师

第四章
外太空之旅

现在学生已经将望远镜装入火箭，是时候发射升空了！在学习韦布空间望远镜的太空之旅以及它复杂的部署顺序的同时，学生将先加强编码和解码能力，然后再开始他们对遥远太空的探索。

本章内容

4.1 停泊技能
创建一组精准的指令，引导韦布空间望远镜到达外太空指定的轨道位置
> 科学 + 编码

4.2 解码外太空
解码韦布空间望远镜的加密部署顺序，然后依照正确的次序把步骤排列好
> 科学 + 编码

4.3 校准望远镜
参照太空中的不同兴趣点，为韦布空间望远镜校准观测角度
> 科学 + 数学

词汇找找看③
从第四章中找出 8 个科学词汇
> 科学 + 读写

停机坪

祝贺你！你的望远镜已经准备好，可以发射啦！
但是你想把它停泊在哪里呢？
比较如下四个不同选项，沿着迷宫寻找到达到最佳位置的路线。
一旦你选定了路线，编写下面的指令，引导韦布望远镜到达那里吧！

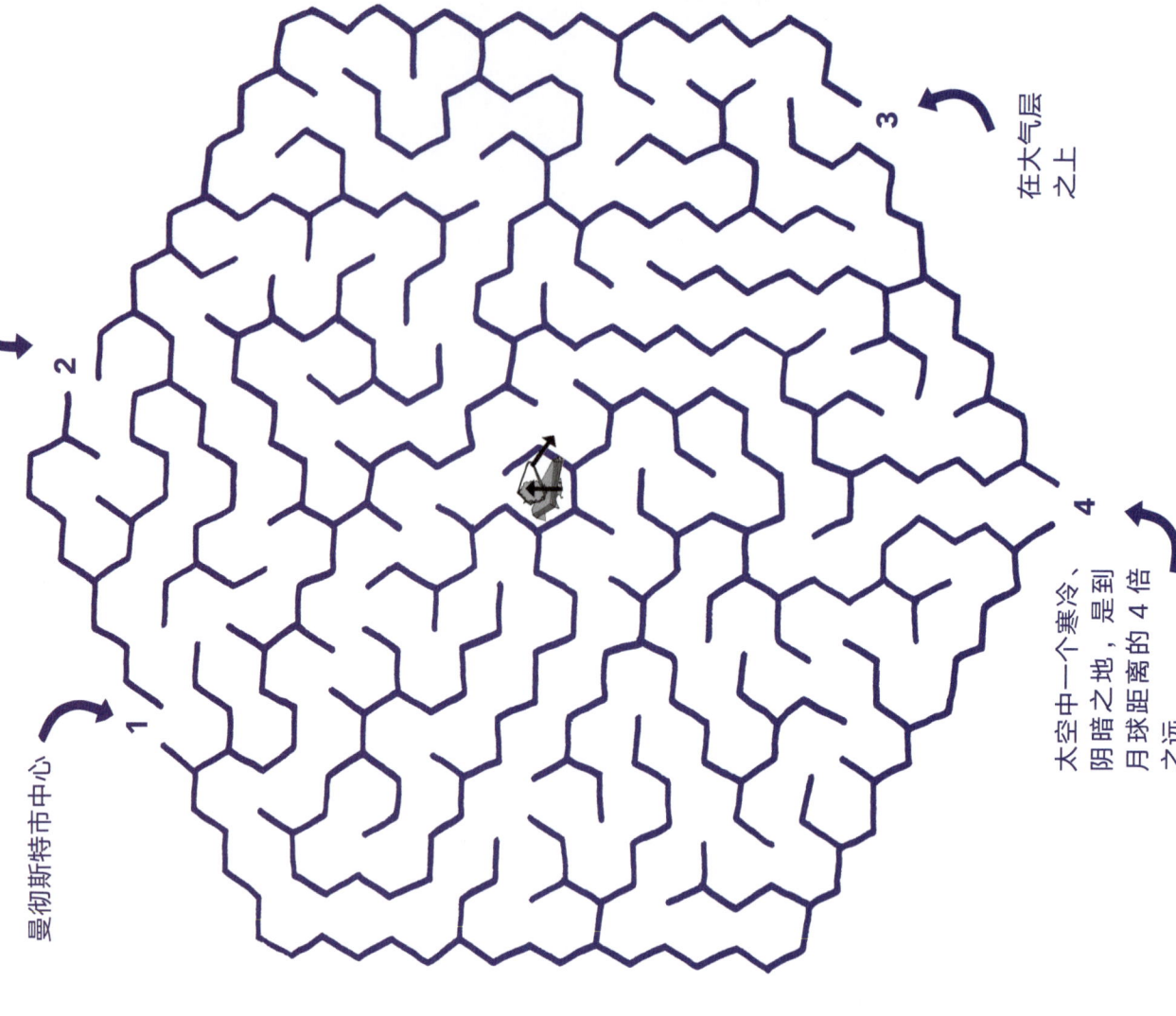

曼彻斯特市中心 1

沙漠中的山顶 2

在大气层之上 3

太空中一个寒冷、阴暗之地，是到月球距离的4倍之远 4

< 绝密指令 >

步骤	方向 ✳	距离 1 厘米
1	↑	1
2	↗	1
3		
4		
5		
6		
7		
8		
9		
10		

活动 4.1：停泊技能

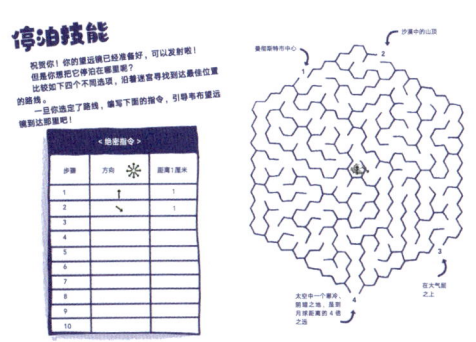

背景知识

詹姆斯·韦布空间望远望从太空中一个被称为 L2 点（或第二拉格朗日点）的位置探索宇宙，这个位置到地球的距离几乎是地球到月球距离的 4 倍，约 150 万千米。相比之下，哈勃空间望远镜在距离地球 568 千米的轨道上运行。

本活动给学生提供了一个机会去思考，为什么我们要付出这么多的努力、这么大的代价把望远镜送入太空，而不是仅仅是在地球上研究太空。如果在一个人口稠密区，比如曼彻斯特市中心，研究宇宙，城市的灯光和天气会造成光污染，即使对一个强大的望远镜来说也会降低能见度。在空气污染严重的地区，或烟雾弥漫的市中心来研究太空则更加地困难。

在沙漠中的山顶进行观察会好一些。那里很少下雨，云也不多，望远镜的位置也处于大气层更高些的地方。为了理解在高处观测的好处，想象一下在炎热的天气里，视线穿过一个停车场。因为光线在紊乱的热空气中不断地折射和反射，事物看起来都模糊而朦胧。这和我们透过地球大气层观测太空物体时发生的事情一样。这就是为什么星星会眨眼睛！从高处进行观察意味着我们需要穿越更薄的大气层，因此可以获得一个相对清晰和稳定的视野。

尽管地球上有许多大型、功能强大的望远镜，但它们无法观测到太空物体所发出的所有不同类型的光线。大气层对肉眼可见的光线和一些无线电波是透明的，但是对其他类型的一些光（如紫外线、X 射线、伽玛射线等）是不透明的（译者注：因为它们对人体是有害的）。大气层也会阻挡红外线，而韦布空间望远镜就是专门设计用来探测红外线的，红外线对于了解太空中极其遥远的事物，和像新生的恒星、行星这种处于多尘环境中的天体来说是十分必要的。

为了研究那些被大气层阻挡的其他类型光线，像韦布这样的红外线望远镜必须在太空中工作。

为什么韦布空间望远镜不能像哈勃空间望远镜那样，部署在离地球近一些的位置呢？原因是，为了更好地研究太空物体发出的红外线，韦布空间望远镜必须处于一个寒冷而稳定的、可以持续观测宇宙全貌的地方。此外，韦布的遮阳板必须能够保护镜面和仪器不受来自太阳、地球和月球热量的干扰，在遮阳板的寒冷面（请参阅活动 3.1："太空蓝图"获取更多关于韦布"温暖面"和"寒冷面"的信息）维持所需的低温。为此，我们找到了一个被称为"L2"的轨道位置（即第二拉格朗日点），位于日地连线上地球外侧。这个位置能满足以上两点的要求，到地球的距离约等于地月距离的 4 倍，大约是 150 万千米。

但是把望远镜送入这么远的太空也有一些不利因素。韦布空间望远镜离地球太遥远，一旦发生破裂或损坏则无法进行维护和维修。韦布空间望远镜的前辈，哈勃空间望远镜，位于近地轨道，曾由宇航员进行的五次维护中，有的是因为机械故障或磨损，需要更换仪器；有的是因为新技术的出现，需要增加其他仪器。正是因为哈勃空间望远镜离地球近，人类才可能执行这些维修任务。

活动安排

本活动将思考望远镜的部署位置的问题。从本活动网页上找到一张韦布空间望远镜的轨道位置图（请参阅有用链接），给学生介绍第二拉格朗日点的位置。根据上述背景资料讨论各个选址的利弊。让学生独立列出利弊的清单，或者提供自己的想法为全班的利弊清单处理。

例如：

曼彻斯特市中心优点：

- 所有的问题都可以现场解决
- 信息容易获取

曼彻斯特市中心缺点：

- 城市灯光和污染将大大降低望远镜的能见度
- 市中心人满为患，很难找到安装望远镜的空间

距地球的距离约等于地月距离的 4 倍的一个寒冷、黑暗的太空位置：

优点：

- 来自遥远恒星的红外线不会被地球的大气层吸收
- 随着时间的推移，在第二拉格朗日点可以观察到宇宙的全貌

缺点：

- 将望远镜发射到太空花费巨大且技术难度高
- 任何故障都因为太遥远而无法修复

请学生根据他们的清单回答，为什么我们要付出这么大的努力和代价把望远镜送入太空。

先安排学完成工作纸上的迷宫。然后向学生展示如何识别和记录表格中的指令，引导望远镜抵达目的地。

（根据班级同学的年龄和能力，从四个地点中选出最合适的那一个）

有笔记吗？
写在这里！

本节活动答案

< 绝密指令 >		
步骤	方向 ❄	距离（cm）
1	↑	1
2	↘	1
3	↓	1
4	↗	1
5	↓	4
6	↙	3
7	↖	1
8	↓	1
9	↘	1
10	↓	3

课堂提问

- 为什么我们要把望远镜送入太空？

- 为什么韦布空间望远镜的部署位置如此重要？

- 把望远镜部署在这么远的地方有什么难点？

- 望远镜如何与地球联络？

- 为什么我们要通过设置命令为机器编程？

额外的挑战 / 拓展活动

让学生在方格纸上设计自己的地图 / 迷宫，而不要标注方向。

研究地球上和太空中不同望远镜的选址，并思考这些望远镜的相同之处和不同之处。

如果有可能，安排一次参观望远镜或是天文台的活动（请参阅有用链接）。并思考为什么在这里选址。

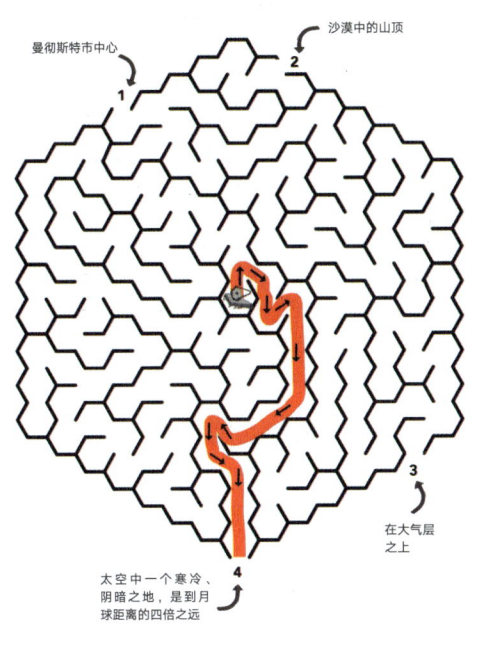

曼彻斯特市中心 1

沙漠中的山顶 2

在大气层之上 3

太空中一个寒冷、阴暗之地，是到月球距离的四倍之远 4

差异化教学思路

支持：

- 为学生提供与某一特定选址匹配的利、弊卡片。

- 班级一起讨论，哪个选址最合适。

- 让学生和一位同伴一起完成程序指令，并按次序排列。

- 提供一些初始命令来模拟活动，供学生参考。

挑战：

- 让学生先从四个选址中选定一个目标，然后再完成迷宫图。

- 创建一个相反的指令序列来描述一个假想中的回程。

教学小贴士！

在计算机课上，让同学们使用免费的迷宫生成软件创建自己的迷宫。然后向其他同学提出挑战，让他们破解迷宫，并使用这些指令为他们的望远镜编程。

解码外太空

嗨，太空探险家！

我是文森特·盖尔斯（Vincent Geers），英国天文技术中心的一名软件工程师。

是时候部署你的望远镜了。

我已经向你发送了6合有部署顺序的加密消息。

望远镜的部署必须严格按照这个顺序执行，最后销毁这条绝密的信息。

请先解码这些步骤，按顺序排好。

< 部署序列 >

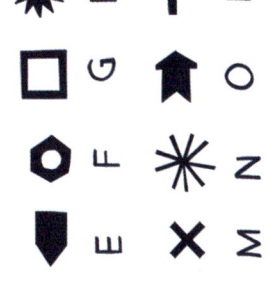

< 加密代码 >

A	B	C	D	E	F	G
H	I	J	K	L	M	N
O	P	Q	R	S	T	U
V	W	X	Y	Z		

活动 4.2：解码外太空

背景知识

本活动以詹姆斯·韦布空间望远望的部署顺序为基础，发展学生的视觉素养和编码技巧。

让学生先完成活动 3.1 太空蓝图，这部分内容将帮助他们熟悉韦布空间望远镜的不同部件。然后学习活动 3.4 打包装货，这部分内容有助于他们理解为什么韦布空间望远镜发射时需要折叠起来的。

从地球出发，到达韦布空间望远镜部署的指定地点 L2（第二拉格朗日点）的旅程需要 30 天时间。在这段航程之中，韦布的部件将按照十分复杂的顺序进行部署。根据本活动的目的，部署过程被简化了，主要关注韦布空间望远镜的一些关键部件。

这将有助于学生理解，将韦布空间望远镜折叠起来放入火箭，不仅取决于它将如何部署，还关系到它各个部分的功能。

活动网页上可以找到一段 12 分钟的动画，演示了韦布的发射升空、部署顺序和轨道位置。动画内容非常详尽，并包含了复杂的科学词汇。

在活动网页上还可以找到一段较短版本（5 分钟）的动画，展示部署顺序。

这些动画向我们展示了一部太空望远镜的部署过程是多么的复杂。每一步都必须在发射前进行严格的计划和计算，并预先完成部署顺序的编程。编码必须正确无误、表达清晰，否则望远镜不能正确部署，可能造成潜在的损失甚至导致任务失败。

活动安排

本活动中，学生将破解一条编码的消息，启动韦布空间望远镜的部署。在开始前先复习望远镜的作用、各部分组成等其他学过的内容。

给学生讲解，发射升空之前，韦布空间望远镜被仔细地打包。为什么要这样做呢？让学生回答，他们是否能给出正确的理由。让学生知晓，因为韦布体量巨大且非常需要保护，必须把它在太空航行过程中受到损害的可能性降到最低。访问活动页面（请参阅有用链接）观看一段显示部署过程的动画。

逐步讨论部署顺序。让学生解释为什么部件要按照指定顺序来部署。例如，学生能否说清楚为什么遮阳板或者太阳能电池板要先行部署？可以使用字典查询不理解的单词含义。

介绍本活动并演示如何破解被编码的元素。学生对每个组件完成解码后，他们可以按照韦布空间望远镜的部署顺序来为它们排序，逐步展开。

本节活动答案

3：遮阳板（Sunshield）——保护它的仪器免受太阳、地球和月球的光和热的影响。遮阳板设计极其复杂，从发射后的第 3 天开始，需要 3 天时间才能完成部署。首先，韦布空间望远镜两侧的平台被释放，然后五层由聚酰亚胺

（Kapton）这一反射和耐热材料组成的遮阳板被释放。遮阳板随后被拉伸并张紧，每层间留出空隙以散发韦布的仪器产生的热量。

1：太阳能电池板——发射30分钟后韦布空间望远镜的太阳能电池板开始展开，为望远镜提供动力。韦布空间望远镜只有一块很小的电池，所以依赖太阳能电池板获得电力。

4：副镜——在韦布空间望远镜去往L2旅途的第11天，它的副镜被移至主镜前面。副镜将主镜收集的光线聚集到一起，并反射到韦布空间望远镜的各个仪器中。

5：主镜——韦布部署的最后一步是主镜。为了将巨大的主镜放入有效荷载舱，它外侧的镜子向后折叠了90度。发射后的第12到14天，这些"翅膀"会依次展开。

2：天线——发射升空的2小时后，韦布的天线被释放，但要到发射1天后才开始部署。天线为韦布和地球之间提供了双向通信，接收指令并向美国航天局的外太空网络发送它的发现。

课堂提问

• 为什么望远镜要遵循特定的部署顺序？

• 为什么在望远镜发射到太空之前要对它的部署顺序进行仔细编码？

• 望远镜在太空旅行时可能会遇到什么问题？

• 编码和加密之间的区别是什么？

• 我们为什么要使用加密？有哪些我们在地球上使用加密的例子？

额外的挑战／拓展活动

与英文课结合起来，写一篇关于韦布空间望远镜部署过程的说明文。要使用时间连词和因果连词。

研究望远镜的工作原理。

研究太阳能电池板如何把光能转化为电能。

探寻信息编码的历史并开发自己的代码来传送绝密信息。

有笔记吗？

写在这里！

差异化教学思路

支持：

- 让学生合作，一起处理编码或者在学生开始前添加一些字母。
- 提供一些编码后的单词，让学生分辨它们对应哪个单词。

挑战：

- 为望远镜部署的某一方面编写自己的编码信息。
- 为工作纸中没有列出来的部署步骤编写密码，并且加进部署顺序中。

教学小贴士！

作为拓展，让学生为韦布空间望远镜部署顺序中没有涉及的其他步骤创建编码，或者写一条编码信息让班上其他同学解码。

校准望远镜

太空探险家，把你的量角器准备好，
测量一下韦布望远镜指向新的发现的角度。

90°

0°
瞄准线

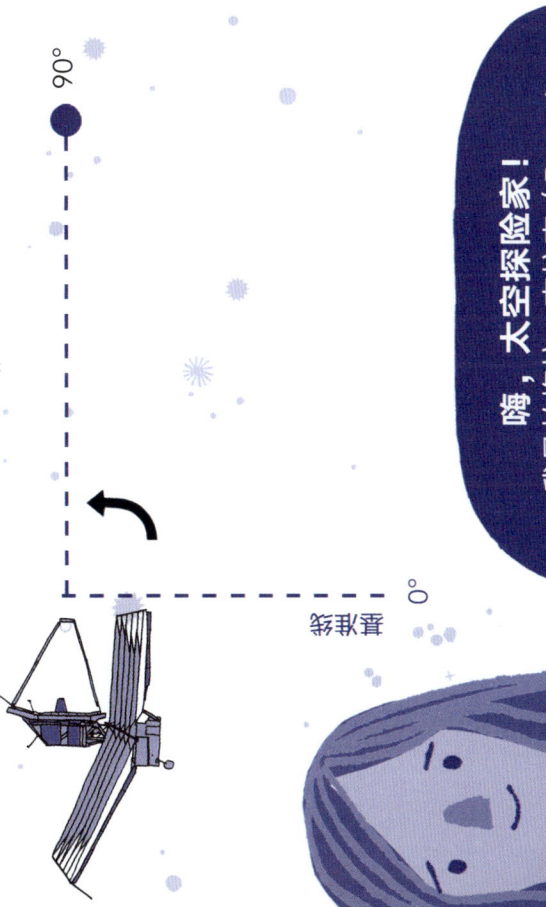

嗨，太空探险家！
我是帕梅拉·克拉森（Pamela
Klaassen），一名为韦布望远镜工作
的仪器科学家，我已经确定了五个
兴趣点，希望你能研究一下。并通
过测量望远镜到每个兴趣点的角度
来校准望远镜。

1. 海王星（Neptune）
估计值：
准确值：
角的类型：

4. 风车星系（Pinwheel Galaxy）
估计值：
准确值：
角的类型：

2. 哈勃深场（Hubble Deep Field）
估计值：
准确值：
角的类型：

5. 创生之柱（Pillars of Creation）
估计值：
准确值：
角的类型：

3. 特拉比斯特-1（Trappist-1）
估计值：
准确值：
角的类型：

活动 4.3：校准望远镜

背景知识

詹姆斯·韦布空间望远望将在至少 5 年时间内，从外太空研究我们的宇宙。在这期间，不同的研究人员将通过它来研究特定的太空物体和求解关于宇宙的科学问题。想要使用韦布空间望远镜的科学家必须提出研究提案。提案经审查后由同行评审委员会决定谁可以使用望远镜。

仅仅 5 个月时间，13 个不同的研究小组将通过韦布空间望远镜对星系进行测量，观察恒星的形成，检验恒星的化学成分以及研究系外行星。这 13 个研究小组代表了来自 18 个国家 106 个机构的 250 多名研究人员，这足以证明韦布空间望远镜是一个具有地方故事的全球化项目。

本活动中，学生将以科学研究者的身份"校准"韦布空间望远镜，这样他们就可以用韦布空间望远镜来观测感兴趣的物体了。

活动安排

在完成工作纸之前，确保学生知道如何使用量角器（或者测角仪）测量角度：

沿基准线放置量角器，中点置于待测角的顶点上。

确保量角器的 0 度线与基准线重合。

沿箭头方向读取望远镜到兴趣点的直线与数字刻度交叉的读数。介绍校准的概念。（校准是指评估和调整测量仪器的精度和准度的操作）

指出工作纸上的垂直基准线并演示如何测量韦布空间望远镜的副镜到示例点的角度，该角度已在工作纸上被标注为 90 度。示范如何估算、考虑角的类型（锐角、直角、钝角）。然后演示如何正确地测量角度，得出答案：90 度。

现在让全班同学和你一起观测下一个兴趣点，海王星。注意，角还没有画出来，所以请演示使用刻度尺从韦布空间望远镜的副镜（如果你对韦布空间望远镜的结构还不熟悉的话，请参阅活动 3.3 太空蓝图）到标注为海王星的圆圈中心，画一条精确的直线。

讨论角的类型有助于做出预估。给学生时间来提出他们自己的预估值。确保学生理解预估是指一个近似的测量。

示范如何将量角器对准基准线和待测角的顶点，确保原点交叉线正确放置。给学生时间来测量和记录角度。让一名学生向全班演示如何测量角度。检查学生在读取量角器读数的时候是否正确使用刻度。然后，学生应该能够正确识别角的类型。

学生现在应该可以重复这些步骤，测量余下的角度。学生可以使用不同颜色的钢笔或是铅笔使得角度更加清晰。

鼓励学生在测量的过程中与一名同伴一起检查测量结果。

与学生一起分享解决方案，完成本活动。

本节活动答案

对于低年级同学的测量结果的精度要求是在 2 度之内。

对于高年级同学的测量结果的精度要求是在 1 度之内。

注意结果可能会有些变化，这取决于学生从副镜到每一个兴趣点中心的直线的准确程度。

1：海王星

准确值：117°

角的类型：钝角

（可接受范围：116°—119°）

2：哈勃深场准确值：77°

角的类型：锐角

（可接受范围：76°—79°）

3：特拉比斯特-1

准确值：58°

角的类型：锐角

（可接受范围：56°—59°）

4：风车星系准确值：100°

角的类型：钝角

（可接受范围：98°—101°）

5：创生之柱准确值：82°

角的类型：锐角

（可接受范围：80°—83°）

课堂提问

- 校准是什么意思？

- 为什么校准对于望远镜来讲如此重要？

- 哪个角度是最大的？它比直角大了多少度？

- 多增加两个角进行测量，以尽可能确保校准的精确。新增这两个角是什么类型的角？它们的度数是多少？

- 你能画出 200 度的角吗？这个角是什么类型的角？

额外的挑战 / 拓展活动

写一份研究提案，说明为什么研究一个特定的太空物体（基于真实或想象的兴趣点）是十分重要的，以及你希望通过你的研究学习到什么？

差异化教学思路

支持：

- 在给学生工作纸之前，先在上面绘制出角，并进行标记。让他们给出每个角度的类型名称并预估它的大小。

- 一些学生在有指导的小组中有利于他们发挥：让他们在承认的指导下预估每个角的角度和类型。

有笔记吗？

写在这里！

- 先向学生介绍可能会用到的关键词汇，如锐角、钝角、直角等。

- 可以向学生提供一系列角的大小的测量值，让他们从中选出正确的。

- 低年级的学生可以仅预估角度的大小，判定角的类型，而不用去测量角度。

挑战：

- 要精确测量角的度数。

- 对那些符合年龄预期，期望深入学习的学生可以让他们对不同的角度进行标记，包括锐角、钝角和优角等。

教学小贴士！

教学拓展可以将班级分为五个组，并为每组分配一个兴趣点。每组进一步研究他们的兴趣点并展示他们的发现。

第四章
词汇找找看

找出你在本章中新学到的单词，并将它们添加到本书最后一章《外太空图解词典》中。

注意：单词可能是正着写，倒着写，或是斜着写的。

N	C	A	L	I	B	R	A	T	E
A	O	V	G	T	I	D	Y	N	S
C	R	I	H	V	E	B	C	E	E
E	O	U	T	P	B	T	M	M	Q
K	W	M	L	P	Q	X	M	U	U
X	H	O	M	S	Y	A	V	R	E
W	Y	H	L	A	R	R	U	T	N
Q	I	S	K	G	N	D	C	S	C
E	E	D	O	C	E	D	K	N	E
T	W	R	V	X	Z	G	S	I	E
T	P	F	C	A	G	R	D	A	H

你能发现以下 8 个字母开头的单词吗？

C D P C E S D I

第四章：词汇找找看③

家是否找出其中的单词。

当他们完成词汇搜索之后，提醒他们把这些新单词记录在《外太空图解词典》中（请参阅活动 6.2）。

背景知识

"词汇找找看"是一种有趣的增加学生词汇量的方法。你可以利用《外太空图解词典》来进行活动拓展（请参阅下文）。

活动安排

"词汇找找看"为大家提供了一个回顾和讨论每一章所涵盖内容的机会。要找到每个单词，首先看表格下方给出的首字母。学生以班级为单位或结对子讨论，分析这可能是哪些单词。看看大

本节活动答案

词汇找找看第四章：指令（Commands）、部署（Deploy）、程序（Program）、校准（Calibrate）、加密（Encryption）、序列（Sequence）、解码（Decode）、仪器（Instrument）

定义：

指令（Commands）：为得到某一特定结果而设计的一组特定的命令或操作。

部署（Deploy）：使其达到有效状态的行动；准备好某物以供使用。

程序（Program）：具有特定长期目标的一组相关活动；为其（计算机或其他机器）提供自动执行一项任务的编码指令。

校准（Calibrate）：将（仪器的）读数同标准读数进行关联，以检查仪器的准确性。

加密（Encryption）：把信息或是

所需资源

- 尺子
- 用来查询资料的计算机、电子设备或教科书
- 钢笔 / 铅笔
- 外太空图解词典

数据转换成代码的过程，尤指防止未经授权的访问。

序列（Sequence）：相关事物相互遵循的特定顺序；按特定的顺序进行排列。

解码（Decode）：将编码的消息转换为可理解的语言。

仪器（Instrument）：一种工具或装置，尤指用来进行精密工作。

差异化教学思路

支持：

- 为学生分配单词，全班一起或是分组查找单词定义。

- 以班级或小组为单位，使用本章的单词创作一首歌曲。

- 把隐藏的单词提供给学生，以便查找。

挑战：

- 学生完成词汇的查找后，让他们设计一个自己的"词汇找找看"。复印第18页的空白模板，或下载并打印模板（见有用的链接）。学生可以用自己的"词汇找找看"去测试一下其他同学。可以用不同的方式给出线索，如整个单词，单词首字母，或是单词的含义等。

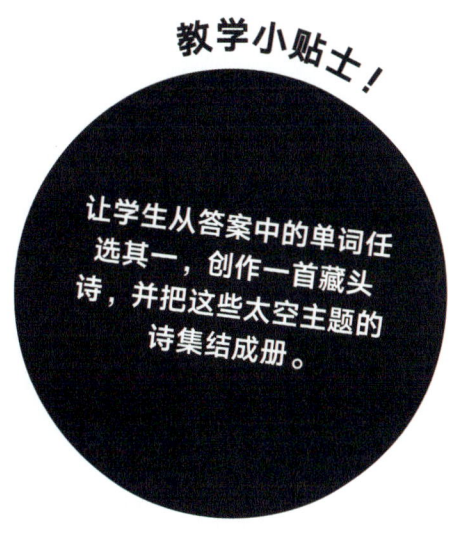

教学小贴士！

让学生从答案中的单词任选其一，创作一首藏头诗，并把这些太空主题的诗集结成册。

有笔记吗？

写在这里！

第五章
惊天大发现

视觉素养和分析对于每一位科学家来讲都是重要的技能。现在，望远镜已经安全进入轨道，学生可以收集数据、分析数据、得出结论，然后向其他太空专家报告他们的发现了。

本章内容

光学图像

红外线图像

最初的发现

祝贺你，你的望远镜已经发回第一张红外线图像了。

哇！我们可以看到这么多普通光学照片无法捕捉到的东西。

快来帮忙分析这张图像吧……

嗨，太空探险家！

我是阿拉斯泰尔·布鲁斯（Alastair Bruce），一名在爱丁堡皇家天文台工作的天文学家。

快来帮我进一步分析你的红外线图像吧。

你能看出它和光学图像有什么区别吗？

把你看到的不同之处涂上颜色。

你能认出你看到的图像中显示的某一个天文奇观吗？

活动 5.1：最初的发现

背景知识

詹姆斯·韦布空间望远望使用红外线技术观测太空。这意味着一直阻挡我们视野的太空尘埃从此不再是问题，我们可以了解恒星如何从黑暗的尘埃云里诞生。韦布空间望远镜巨大的主镜能够收集到大约 4 亿年前宇宙大爆时形成的星系所发出的光线。因为这些星系距离我们如此遥远，当它们发出的光线穿过不断膨胀的宇宙时，被拉长为波长更长的红外线。所有其他的太空望远镜都没有足够的灵敏度用红外线探测到这些非常暗淡的星系。通过韦布空间望远镜，我们可以比之前任何时候都看得更远、更详细。

活动安排

可以考虑将工作表放大到 A3 纸上，以便全班一起讨论本活动。

讨论这两张图像的异同点，以及造成差异的原因。结合之前学习的内容，包括光学照片与红外线图像的对比（请参阅活动 2.4 "红外线自画像"）、望远镜技术的革新（请参阅活动 1.4 "星空使者"）。

学生用两张透明的描图纸（硫酸纸）复制照片中所有可见的特征。首先将描图纸覆在光学图像上复制，其次用另外一张描图纸覆在红外线图像上复制，最后将两张描图纸重叠，用这种方法可以很容易地比较差异。学生也可以使用不同颜色来突出两张图像的不同。

在用描图纸临摹可见特征的过程中，学生将在已有图像基础上绘制 "遥远星系" 的图片。本课程会自然引发关于星系艺术表现的讨论。1850 年天文学家罗斯勋爵（Lord Rosse）在一幅名为 "旋涡星系" 的画中，首次描绘了一个遥远星系可能的样子。你可以在本活动网页中看到他的这幅画。

很多人很熟悉文森特·梵高（Vincent van Gogh）的画《星月夜（Starry Night）》（1889），大家普遍认为这幅画描绘了夜空。2015 年，美国艺术家兼摄影师迈克尔·本森（Michael Benson）在他的《宇宙图志（Cosmi-

所需资源

- 描图纸（可选）
- 颜料和美术用品（可选）

111

graphics)》(Abrams，2014）一书中提出，这幅画其实描绘的是宇宙中的星系，并且可能是受到当时的关于宇宙的画作的启发。关于这一理论的更多信息可以在本活动的网页上查看——参阅有用链接。

组织学生讨论梵高的《星月夜》是如何被旋涡星系的艺术表现所影响的。

讨论画家如何运用纹理、动感、漩涡、图案以及色彩强化画作的深度和色调。活动的网页上有一段动画，很好地体现了本画笔触中蕴含的动感。

使用选定的颜料，学生可以尝试用各种绘画技能来创作，表达他们自己对韦布空间望远镜捕捉到的遥远星系和其他天体的艺术理解。学生也可以创作自己的作品，体现关于光学望远镜和类似韦布这样的红外线望远镜的不同视野下的夜空的对比。

举办一个课堂展示，可以在望远镜的图像旁展出学生的作品。

本节活动答案

M81：梅西耶（Messier）81 是一个漩涡星系。当使用红外线仪观察时，我们可以看到恒星形成的区域。我们还能清晰地看到旋臂结构，揭示了即将形成新的恒星的尘埃和气体区域。

草帽星系（The Sombrero Galaxy）：这个星系有一圈明显的尘埃环，环绕着一团凸起的恒星。用红外线仪进行观察时，我们可以看到它周边的尘埃围绕着中心，形成一个倾斜的平盘。我们从它的侧面观察这个星系，因此它看起来很平。如果从侧面观察我们的银河系，结果也会如此。

梅菲（Maffei）2：由于被厚厚的星际尘埃掩盖，在不借助红外线仪的情况下我们很难看到这个棒旋星系。借助红外线仪，我们可以看到梅菲 2 号星系的形状。

L1014：这片暗星云隐藏着一个只有借助红外线仪才能看到秘密——原恒星，或称为恒星宝宝！借助红外线技术，我们可以看到原恒星周围围绕着的气体圆盘，这些物质滋养着它，并为新的行星的形成提供原料。

NGC 253：当我们仅以可见光观察这个星系时，一是受视角所限，二是受黝黑的宇宙尘埃云影响，三是受大质量恒星发出的光的影响，它的形状很难被确定。而红外线仪揭示了它长长的旋臂和中心的棒状结构，这表明 NGC 253 是一个棒旋星系。

创生之柱（Pillars of Creation）：作为鹰状星云（Eagle Nebula）中年恒星群的一部分，创生之柱由气体和尘埃组成，我们无法用可见光发现其内部的构成。然而，借助红外线仪我们可以看到大量以前观测不到的恒星。

一个遥远的"惊喜"星系：由于韦布空间望远镜有巨大的主镜，还能探测到红外线，因此它能捕捉到来自遥远

**有笔记吗？
写在这里！**

星系的光，如果没有韦布我们根本都不会知道这些星系的存在。如果你也发现了一个星系，你会给这个星系起什么名字呢？

在本活动页面上你可以找到每个答案的视频和图解。

课堂提问

- 这两幅图像有什么相似之处？

- 从这两幅图像中你能找到什么不同之处？

- 为什么光学图像和红外线图像看起来如此不同？

- 你认为梵高的画作是根据可见的夜空创作的，还是根据望远镜观测的图像创作的？为什么是 / 不是这样呢？

额外的挑战 / 拓展活动

学生可以查看其他艺术家关于星系 / 星云的绘画作品。看看亚历山大·考尔德（Alexander Calder）的作品，或者更现代的凯蒂·帕特森（Katie Paterson）的作品。

学生可以尝试使用其他的媒介，如水彩颜料，创作更多以天体为主题的画作。

学有余力的同学可以使用计算机软件，如绘图应用软件来创作标注有天体

特征的太空图片。

差异化教学思路

支持：

- 学生可以两人一组来比较和对比两幅图像。

- 由成年人为学生提供帮助，协助他们搜索网络资源或 PPT 演示文稿。

挑战：

- 对完成的画作进行评审。

- 让学生负责筹办班级展览，他们可以设计标签，标题，为图片撰写简短的说明文字。

教学小贴士！

让学生观看本活动链接中的视频："红外线下的宇宙"，激发学生的兴趣，让他们思考并理解为什么红外线对天文学家如此重要。

113

数据 "侦探"

嗨,大空探险家!我是贝丝·比尔(Beth Biller),我研究系外行星!你超灵敏的红外线望远镜可以透过系外行星的大气层观测那里空气的构成。甚至可以探测到光线。

我看看到你已经收集了10个最近观测到的行星的数据。你能弄清楚其中是否有可能支持生命存在的星球吗?

查看数据集1中的线索。这些符号在描述何种气体?你能发现有关它们的更多信息吗?

一种含碳元素的气体是由1个碳原子和1个氧原子组成,另一种是由1碳原子和2氧原子组成的。你知道它们分别是什么气体吗?(嘘,它们的名字里含有线索!)

分析数据集2,并用颜色编码,将这些行星归类到以下三个类别中:
- 绝对没有生命存在
- 不大可能支持生命存在
- 最有可能支持生命存在

数据集 1:检测到的气体

气体	线索	特性
二氧化碳		
水蒸气		
一氧化碳		
甲烷		

数据集 2:10 颗系外行星的大气数据

① ② ③ ④ ⑤ ⑥ ⑦ ⑧ ⑨ ⑩

活动 5.2：数据"侦探"

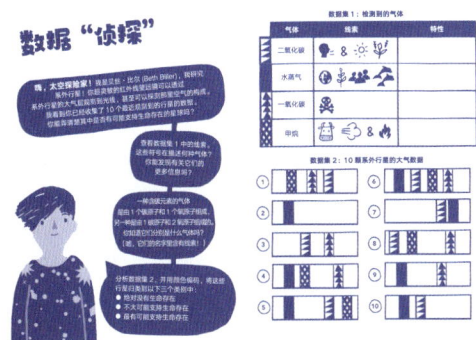

背景知识

詹姆斯·韦布空间望远望在帮助我们了解行星大气层方面发挥了关键性的作用，而且还能帮助我们了解那些非太阳系的行星（被称为系外行星）的大气层。分析韦布空间望远镜收集的数据，科学家们可以发现行星大气层中存在哪些化学物质。这意味着他们可以在宇宙的其他地方寻找构成生命的基本要素，如水、二氧化碳和甲烷。

科学家们是如何做到这一点的呢？一种方式是用凌日测光法，研究一颗从地球和它的宿主恒星之间经过的遥远行星。当一颗行星从一颗恒星前经过时（或称为"凌日""行星食"），一小部分星光会被行星的大气层吸收。运用光谱学测量不同波长的光的组成，科学家可以确定哪种波长被吸收了。因为不同的化学元素和化合物可以吸收不同特定波长的光，形成"化学指纹"，因此行星光谱测量的结果可以用来研究系外行星大气层中包含哪些气体。

在活动网页上有一段动画简明清晰地解释了这个复杂的概念（请参阅有用链接），将帮助学生理解本活动的假定和前提。

如果老师希望简化本活动的理论基础，可以直接告诉学生，韦布空间望远镜的科学仪器是用来鉴别系外行星大气层成分的。

活动安排

引子：

什么是系外行星？一颗行星需要具备什么条件才可能有生命的存在？什么是生命存在的迹象？为什么我们想知道其他的宜居行星？

在学习本活动更多内容之前，就以上问题在班里举行一次公开讨论和问答，了解学生对于这些问题理解的情况。将讨论与之前学过的内容"韦布空间望远镜以及它在研究系外行星中扮演的角色"联系起来。

开篇：

全班一起阅读本活动的背景知识和问题。以数据集 1 为例，问同学们对这

所需资源

• 科学百科全书、科学词典或访问互联网以支持对水、二氧化碳、一氧化碳、甲烷四种气体的研究。

些气体有哪些了解？我们从这些符号中能领会到什么？

关于气体，你需要掌握的知识点有以下几个：

（1）二氧化碳

- 由 1 个碳原子、2 个氧原子构成的分子

- 对地球上的动植物十分重要。绿色植物在光合作用中吸收二氧化碳并释放出人类和动物呼吸所需的氧气

- 人类呼出二氧化碳，植物的光合作用需要二氧化碳

- 汽水中的泡泡来自溶解于水的二氧化碳

（2）水

- 由 2 个氢原子和 1 个氧原子构成的分子

- 对地球上的生命至关重要

- 调节人体的体温，为细胞传输氧气和营养，保护我们的器官和组织并带走废物

- 人脑的 75% 和一棵有生命的树木的 50% 都是由水构成的

（3）一氧化碳

- 由 1 个碳原子和 1 个氧原子构成的分子

- 是一种无色无味的气体

- 对呼吸氧气的人和动物有毒

- 可能来自汽车的尾气

（4）甲烷

- 由 1 个碳原子和 4 个氢原子组成的分子

- 牛和微生物等生物体可以产生这种气体

- 通常以天然气的形式作为燃料使用

- 经过提纯的甲烷液体可以用作火箭发射燃料

按照以下类别将每种气体进行归类：

- 对生命有害

- 对生命有益

- 为生命必需

学生可以为这三个类别创建自己的颜色编码体系，并据此为工作表上的圆圈涂色。

主要活动：

依据数据集 1 中的信息，让同学们分析在数据集 2 中的这 10 颗系外行星的"化学指纹"，并考虑：

该行星包含哪些气体？

该行星是否包含任何有毒 / 有益 / 必需的物质？

对于每个数据集，学生通过讨论、推理和论证，说明该行星是否可能有生命存在，并给出原因。然后可以据此为行星的独有"化学指纹"进行颜色编码。

学生可否向大家陈述，他们认为哪

有笔记吗？

写在这里！

颗系外星球最有可能支持生命的存在及其原因？

本节答案

数据集 1：

二氧化碳（一个碳原子 + 二氧）：动物和人类呼吸时释放；供植物的光和作用使用。

水：生命不可或缺的物质。

一氧化碳（一个碳原子 + 一氧）：一种有毒气体。甲烷（一个碳原子 + 四氢）：一种由岩石和生物产生的温室气体，可用作燃料。

数据集 2：

绝对没有生命存在：1，3，4，6，8，9。

不大可能支持生命存在：2，7，10。

最有可能支持生命存在：5。

课堂提问

- 什么是系外行星？
- 为什么我们会对这些系外行星感兴趣？
- 本活动中哪颗系外行星最有可能支持生命存在，为什么？
- 本活动中哪些系外行星不能支持生命存在，为什么？

额外的挑战 / 拓展活动

给学生一个简单的挑战，学生可以研究这四种气体，并解释每一种气体是如何影响生命的。

学生能独立或是分组研究一颗系外行星吗？它的位置在哪里？哪一部望远镜发现了它？这部望远镜位于哪里？该行星有可能支持生命的存在吗？为什么？

差异化教学思路

支持：

- 给学生提供有关水、二氧化碳、一氧化碳以及甲烷的简单资料，支持他们的研究。

挑战：

- 允许独立研究。
- 判断每颗行星支持生命存在的可能性，并指出原因。学生能使用科学证据证明他们的判断吗？

教学小贴士！

使用数据集 1，让学生为一颗他们假想的系外行星创建大气数据。然后学生可以互相挑战，去发现哪颗系外行星有可能适宜居住。

为宇宙画像

科学家急切地想知道你的发现。使用图表、简图、图纸、照片或者信息图来创建一张关于你的发现的海报演示文稿。

嗨，太空科学家，你好！

我是娜奥米·罗-格尼（Naomi Rowe-Gurney），我的研究方向是巨行星。

听说你用望远镜观测，获得了一些有趣的发现。画一张海报向我们的研究员展示你的发现吧，告诉我这些发现将如何改变我们对宇宙的认识。

活动 5.3：为宇宙画像

背景知识

用可视化的方式展示科学发现和数据是一种快速高效的交流方法，也是一项重要的科学技能。尽管我们在日常生活中经常运用数据的视觉表达方式，如家庭能源使用情况的图表或气象图表，但是科学家们有一种可视化分享数据的特别方式，被称之为学术海报。

学术海报的目的是总结研究得出的关键信息。它既要清晰明了，又要吸引人，这样才能引发大家的兴趣，鼓励大家展开讨论。演讲或演示中经常使用这种方式，单独展示的时候也可以不结合语言讲解。

最成功的海报：

- 标题简短，引人注目
- 总字数 300—800 字
- 使用标题、要点和编号清单，容易阅读和理解
- 使用彩色图表、图形、信息图和其他可视化的数据表达方式进行交流
- 干净和一致的设计布局

本活动让学生使用在《星际日记》中已完成活动中取得的发现创建一张学术海报。可以包括韦布红外照相机发现的新的星系的信息（请参阅活动 5.1"最初的发现"）、新的行星和它们大气层的信息（请参阅活动 5.2"数据'侦探'"）甚至是关于詹姆斯·韦布空间望远望本身的信息。

活动安排

这在很大程度上是一项开放性任务，可以和很多太空领域的话题相匹配。在学生策划自己的海报之前，要给他们足够多的时间来研究学术海报，特别注意它和其他说明性文字的不同特点。本任务特别适合作为一个说明文写作的单元。

了解更多的海报体裁。

请记住，学生对制作科学海报缺乏经验，但通常比较熟悉海报的一般形式（例如广告、标牌等）。将本任务与之前学到的内容相结合，如海报设计和演示装置等方面。

所需资源

- 海报创作所需资源
- 研究所需的参考资料
- 桌面发布工具（可选）

安排全班学习科学海报的成功案例。可以在美国航空航天局的火星网页上找到一些与太空主题相关的例子。

英国科学与技术设施理事会（STFC）有一张有关"大型望远镜"的海报，海报信息量很大，形式与本活动特别相关。但请提醒学生，该海报上有关詹姆斯·韦布空间望远望的发射时间是不准确的。

本活动网页也能找到一些其他主题的内容，可供参考。

（1）确定特征

向学生展示例子，说明海报需要达到的标准。

确定学生的海报中要包含哪些主要特征。

这取决于全班的年龄和能力，但可以包括以下内容：

- 标题
- 副标题
- 围绕主题的段落
- 图表
- 表格
- 照片
- 字幕
- 粗体／斜体文本

- 定义
- 平衡文字和图像的比例

（2）研究

在熟悉写作风格之后，学生准备好在选定的领域开展研究。这可能与他们在《星际日记》中所学的某些内容相关，或者是他们感兴趣的太空领域的其他方面。鼓励他们通过笔记、书籍和网络搜索来汇总、编辑信息。

（3）规划／设计

学生应该使用他们收集到的信息来草拟一份海报计划。鼓励他们对计划进行评估和修改。这是一个对教师、自我或是同伴进行评价的绝佳机会。

（4）写作

允许分阶段进行海报的创作。学生可以在大卡纸上制作海报，也可以在条件允许时使用桌面发布软件。

（5）展示／评估

根据年龄／能力的不同，可以让学生向班级同学或是其他班级展示他们的海报。根据学校的操作规程，鼓励学生给出同学间的建设性意见和建议。

课堂提问

- 你之前在哪里看到过海报？它们被用来做什么？它们的目的是什么？

有笔记吗？
写在这里！

- 你见过的科学海报的主要特点是什么？
- 科学海报和你之前见过的其他海报有什么不同 / 相同的地方？

额外的挑战 / 拓展活动

让学有余力的学生完成相关的科学实验，并以海报的形式展示他们的发现。

学生可以建立模型和 / 或以半永久的方式展示他们的作品以供家长和其他同学参观。

差异化教学思路

支持：

- 你可以根据班级的需要选择不同的策略。在计划阶段，可以将语音记录作为一种吸引缺乏积极性的小作者们的方式。
- 考虑你在学校可以获取的辅助技术，支持有阅读障碍的学生。通常，这些学生有很多奇妙的想法，也具备一定的知识和理解力，但是在阅读长篇拓展文章，或组织自己的思路以便他人理解方面存在困难。

挑战：

- 类似"拼贴趣"（Pic Collage）应用软件或微软桌面出版软件（MS Publisher）的数字工具，可以用来拓展学有余力的学生，强化他们的计算机技术。

教学小贴士！

使用数据集 1，让学生为一颗他们假想的系外行星创建大气数据。然后学生可以互相挑战，去发现哪颗系外行星有可能适宜人类居住。

第五章
词汇找找看

　　找出你在本章中新学到的单词，并将它们添加到本书最后一章《外太空图解词典》中。

　　注意：单词可能是正着写，倒着写，或是斜着写的。

P	P	B	I	R	P	L	R	G	C
L	B	M	N	A	W	A	E	A	I
A	D	V	F	T	D	I	M	L	R
N	F	J	O	S	I	T	O	A	E
E	H	Y	G	O	A	S	N	X	H
T	U	O	R	T	G	E	O	Y	P
G	M	X	A	O	F	L	R	S	S
O	P	D	P	R	U	E	T	H	O
Y	I	E	H	P	R	C	S	L	M
H	C	U	I	Y	K	C	A	T	T
Y	R	O	C	X	J	Z	D	B	A

你能发现以下 8 个字母开头的单词吗？

A D P A G P C I

第五章：词汇找找看④

P	P	B	I	R	P	L	R	G	C
L	B	M	N	A	W	A	E	A	I
A	D	V	F	T	D	I	M	L	R
N	F	J	O	S	I	T	O	A	E
E	H	Y	G	O	A	S	N	X	H
T	U	O	R	T	G	E	O	Y	P
G	M	X	A	O	F	L	R	S	S
O	P	D	P	R	U	E	T	H	O
Y	I	E	H	P	R	C	S	L	M
H	C	U	I	Y	K	C	A	T	T
Y	R	O	C	X	J	Z	D	B	A

背景知识

"词汇找找看"是一种有趣的增加学生词汇量的方法。你可以利用《外太空图解词典》来进行活动拓展。

活动安排

"词汇找找看"为大家提供了一个回顾和讨论每一章所涵盖内容的机会。要找到每个单词，首先看表格下方给出的首字母。学生以班级为单位或结对子讨论，分析这可能是哪些单词。看看大家是否找出其中的单词。

当他们完成词汇搜索之后，提醒他们把这些新单词记录在《外太空图解词典》中（请参阅活动6.2）。

本节活动答案

词汇找找看第五章：天文学家（Astronomer）、数据（Data）、原恒星（Protostar）、大气的（Atmospheric）、星系（Galaxy）、行星（Planet）、天体（Celestial）、信息图（Infographic）

定义：

天文学家（Astronomer）：天文学领域的专家。

数据（Data）：为参考和分析而收集的事实和统计数据。

原恒星（Protostar）：新生的恒星——处于收缩阶段的气体，代表着恒星形成的早期阶段。

大气的（Atmospheric）：与地球（或其他行星）的大气层相关的。

星系（Galaxy）：由星际气体、尘

所需资源

- 尺子
- 用来查询资料的计算机、电子设备或教科书
- 钢笔/铅笔
- 外太空图解词典

埃物质和数百万甚至数十亿颗恒星组成的，受到重力束缚的天体系统。

行星（Planet）：以椭圆轨道围绕恒星运动的球形天体。

天体（Celestial）：天文学的观测对象，位于天空或是外太空。

信息图（Infographic）：信息的可视化表现形式，诸如图表或是图形。

差异化教学思路

支持：

- 为学生分配单词，全班或分组完成定义的查找。
- 全班一起或分组使用本章节中的词汇创作一首歌曲。
- 将表中隐藏的词汇提供给学生，以供参考。

挑战：

- 学生完成词汇找找看游戏后，让他们设计一个自己的"词汇找找看"，复印第 19 页的空白模板，或下载并打印模板（见有用的链接）。学生可以用自己的"词汇找找看"去测试一下其他同学。可以用不同的方式给出线索，如整个单词，单词首字母，或是单词的含义等。

教学小贴士！

使用教师工具包中的模板，让学生设计一个自己的"词汇找找看"，试试挑战他们的同学吧。

有笔记吗？
写在这里！

跟随《火星日记》一起探索红色星球！

《火星日记》是一本广受欢迎的书，它是《原理号太空日记》的续集。这本书让学生发挥自己的创造力执行火星登陆任务。在那里，学生将探索火星表面、建立火星定居点。学生通过艺术化的、富于视觉表现力的方式来学习跨学科的 STEM 课程，同时了解成为一名了不起的科学家要具备的素质。

第六章
太空新闻

通过执行詹姆斯·韦布空间望远望任务，学生学到了
一系列有关工程、科学、天文学和宇宙的奇妙的知识。
在本课程最后一个章节，他们将通过写作和视觉素养
活动来巩固所学内容。

本章内容

6.1 天文学日报
利用《太空日记》系列书籍中的研究成果以及获
得的信息，撰写一系列新闻报道并配图。
> 科学 + 读写

6.2 天文学图解词典
运用单词和图画将"词汇找找看"中找到的单词
添加到《天文学图解词典》中，并找到相应的定义。
> 科学 + 读写

天文学日报

星际突发新闻

撰写一篇关于你在外太空的发现的新闻报道

活动 6.1：天文学日报

背景知识

詹姆斯·韦布空间望远镜是迄今为止人类最先进的太空望远镜，它帮助我们了解自己所生活的宇宙。来自世界各地的科学家通过韦布空间望远镜研究太空中的物体，让我们更多地了解我们生活的母星——地球以及宇宙的历史。

但是，如果没有科普作家（或称为科学记者）的努力和帮助，韦布空间望远镜的重大发现就无法呈现给更广泛的社会群体，包括其他科学家、研究人员和普通公众。我们不可能都是太空专家，科普作家是将韦布空间望远镜的发现传播给社会大众的纽带。为了更好地受益于韦布空间望远镜的发现，科学家和公众之间的沟通起着重要的作用。

读写和视觉素养是吸引、激励那些对 STEM 课程不太自信的学生的绝佳方式。本活动要求学生创作一份四页的太空新闻出版物，让学生将科学和艺术结合起来。

活动安排

预习

本任务是一系列简短写作课程的最后阶段，聚焦新闻报道类写作。在开始写作之前，学生在课堂上应该已经接触了一些新闻报道的文章。

以下是一份课程安排的建议。

第一课：

翻看一些精选的新闻报道，思考在这些例子中能总结出哪些报道的特征（标题、段落、事实、演讲、照片等）。并列出一个清单。

第二课：

翻看当地报纸，找一些抓人眼球的标题的例子。围绕这些标题，让学生根据各种各样的新闻场景想出简短而醒目的标题（如，猫咪卡在树上、洪水、名人造访小镇等）。让他们以小组为单位，制定适应不同场景的双关语／醒目的标题。

所需资源
- 精选的各种新闻报道
- 供研究使用的书籍以及网络资源

第三课：

让学生了解五个"W"[何人（WHO），何事（WHAT），何时（WHEN），何地（WHERE），何因（WHY）]，试试在不同的新闻报道中识别出它们（通常导言部分会包含这部分信息）。

《天文学日报》任务成功标准

学生应当熟悉新闻报道的写作特点，并同他们的老师一起商定写作的成功标准。建议成功标准应包括：

- 标题
- 事实（不是观点）
- 引用
- 照片和说明
- 段落
- 连接词

报纸使用标题来抓住读者的注意力。标题试图用尽可能少的字数来概括故事。标题可以运用押韵、醒目口号、双关语等修辞技巧。

引用告诉我们别人说了些什么，是谁说的。通过叙述事件相关人员的观点来讲述这个故事。

照片通过给读者一个直观感受来讲述故事，读者可以知道发生了什么、发生在哪里、发生在谁身上。照片还需要

加上说明。即使用一个简短的句子解释照片中发生的事情。

段落帮助读者清楚地理解故事中的信息。每个新段落可以有一个副标题。副标题用一个简短的句子，告诉读者们这个段落讲述的大概内容。

（1）研究

学生的新闻报道应基于太空的新发现。根据你班级的情况，你可以决定这是一次开放性的写作任务，还是将写作范围限制在几个特定的发现上。无论哪种方式，在他们开始着手写作之前，需要通过阅读或是互联网搜索，找出报道中包含的相关事实并进行研究。允许同学们打印并整理新闻报道的笔记。

（2）规划

学生在落笔之前需要花时间对他们的新闻报道进行规划。书中已经包含了一个模版，但是你可以根据你的意愿进行修改，或是根据你教室的实际情况创建你自己的模版。

经过这个规划阶段之后，给学生留一些时间，让他们遵循单独的成功标准（如，使用直接引语），文章开头用"对话"的形式，是一个很棒的主意。

（3）独立写作

学生按计划开始撰写他们的新闻报道。提醒他们写作的时候要参照课堂上商定的成功标准。学生可以自己绘制图

有笔记吗？

写在这里！

片、使用互联网上的图片或是通过绘图软件等应用程序创建电子图片。

鼓励学生在写作中运用字典或是百科全书来提高写作质量。你还可以决定是否在词汇表中提供一系列连词供他们参考。

（4）自我评审

学生应当遵照惯例，检查他们的作品。

学生完成写作后，应当对照成功标准进行必要的修改。为了进行自我评估，学生应该记录下他们在此阶段所作的修改。

（5）同伴间的互评

给每个人发一份成功标准，让学生阅读并评价一位同学的作品。与同学们分享水平相近的学生如何用积极反馈的语言互相评价作品的例子。（如两颗星、一个祝福或类似方式）

课堂提问

• 新闻报道有哪些主要特征？

• 你的目标读者是谁？

• 什么是连词？你能在你的文章中找出连词吗？

• 你报道中的五个"W"［何人（WHO），何事（WHAT），何时（WHEN），何地（WHERE），何因（WHY）］都是什么？

额外的挑战／拓展活动

一起协作，将全班同学的成果编辑成一份报纸，复印分发给学校的其他班级。

差异化教学思路

支持：

• 小组协作、与教师／同伴一起写作。

• 为学生提供含有一定难度词汇的词库。

• 让学生撰写某一特定的"发现"。

• 在规划阶段可以使用语音记录来帮助学生拓展思路。

• 有特殊学习困难的学生可以使用语音输入软件。

挑战：

- 让学生使用微软桌面出版软件（MS Publisher）打印并展示他们的报道。

- 让学生把他们的报道读给其他班级听。

- 让学生在文章中包含一个相关的网页链接。

- 学生在提交文章的同时，附上一份记录了文献来源的参考文献。

教学小贴士！

教师工具包中包含一个文章规划模版，可以帮助学生设计文章的结构。也能让学生尝试包括视觉素养在内的不同沟通方式。

你在本书中发现了哪些新单词？为新单词设计一本图解词典，方便他人理解你的技术术语！

单词	图片	定义
韦布 (Webb)		詹姆斯·韦布空间望远镜的简称，是迄今为止最大的空间望远镜。它展开后有一个网球场那么大！

单词	图片	定义	单词	图片	定义

活动 6.2：天文学图解词典

背景知识

学生完成《星际日记》中每章的"词汇找找看"游戏后，把他们找到的单词加入字典中。找出这些单词的定义，写在相应的空白处，并配上一幅画。

活动安排

把"词汇找找看"游戏中发现的单词组成一个单词库。学生也可以将完成《太空日记》其他活动时遇到的科学单词记在硬纸板或是白板上，最后汇总到单词库中。学生从字典中查询单词的定义，并完成他们的科学词汇表。

一旦确定了单词的定义，全班一起讨论，我们为什么有时候会用符号或是图片来表达单词的含义，能否举出一些用可视化方式表示单词的例子？教室里是否有这样的例子（如，出口标志、回收指南、急救箱位置标识）？学校的其他区域呢（如，洗手间门上的标志）？把这些标志记录在白板上，为下一步的学习做准备。

学生可以采用分组或是结对子的方式，讨论如何用可视化的方式表示"词汇找找看"游戏答案中的单词。学有余力的同学可以邀请同伴评价一下他的单词可视化表达的效果如何。

词汇找找看答案

词汇找找看①：吸收（Absorb）、光线（Light）、反射（Reflect）、梯度（Gradient）、光学的（Optical）、光谱（Spectrum）、红外线（Infrared）、棱镜（Prism）。

词汇找找看②：发现（Discovery）、建造（Construct）、实验（Experiment）、结构（Structure）、镜子（Mirror）、方法（Method）、工程师（Engineer）、有效载荷（Payload）。

词汇找找看③：指令（Commands）、部署（Deploy）、程序（Program）、校准（Calibrate）、加密（Encryption）、序列（Sequence）、解码（Decode）、仪器（Instrument）。

词汇找找看④：天文学家（Astronomer）、数据（Data）、原恒星（Proto-

所需资源

- 字典——在线和印刷版皆可
- 绘画材料

star)、大气的（Atmospheric）、星系（Galaxy）、行星（Planet）、天体（Celestial）、信息图（Infographic）。

其他的单词和定义可参照《外太空词汇表》。

课堂提问

- 定义单词为什么非常重要？

- 你还知道哪些其他的科学词汇？

- 用符号或图像表示的单词有哪些例子？

- 为什么有时候我们要用图像来代表单词？

额外的挑战／拓展活动

要求学生用图解词典中的单词创作一首藏头诗。

让学生打乱词典中单词的字母顺序，然后考考同伴，看他们是否能够理顺单词的字母顺序。

差异化教学思路

支持：

- 为学生分配单词，全班或按小组完成定义的查找。

- 以班级或小组的形式，一起寻找一些表示单词的图像。

- 对于绘画能力感到不够自信的学生，可以从杂志上裁剪图片或者从互联网上找图片，用作可视化的表达。

挑战：

- 让学生使用印刷版的字典而不是在互联网上搜索定义。

- 在小组中，让学有余力的同学审阅这些图像，分析其效果，并就"为什么"或"为什么不"给出意见。

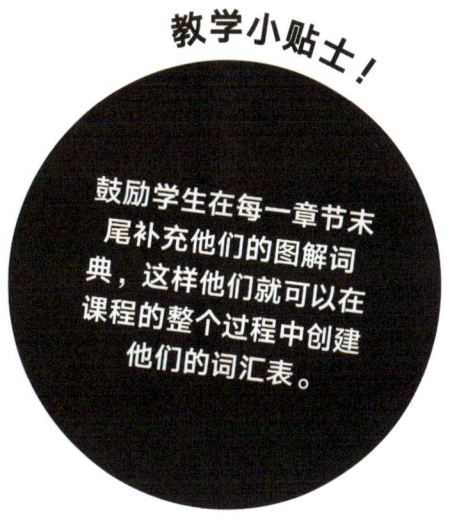

教学小贴士！

鼓励学生在每一章节末尾补充他们的图解词典，这样他们就可以在课程的整个过程中创建他们的词汇表。

有笔记吗？

写在这里！

更多《太空日记》系列图书

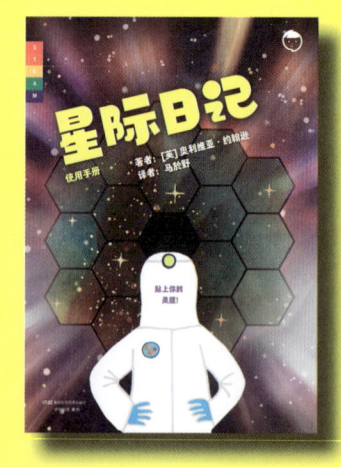

激励每个学生像科学家一样思考！

图书在版编目（ＣＩＰ）数据

星际日记：指导用书 / (英) 奥利维亚·约翰逊著；马於野译.—长沙：湖南科学技术出版社, 2025.3
（太空日记）
ISBN 978-7-5710-2793-3

Ⅰ. ①星… Ⅱ. ①奥… ②马… Ⅲ. ①科学知识—小学—教学参考资料 Ⅳ. ①G623.63

中国国家版本馆 CIP 数据核字(2024)第 058375 号

湖南科学技术出版社获得本书中文简体版出版发行权。
著作权合同登记号：18-2024-106

XINGJI RIJI：ZHIDAO YONGSHU
星际日记：指导用书
著　　者：[英]奥利维亚·约翰逊
译　　者：马於野
出 版 人：潘晓山
责任编辑：王梦娜　李 蓓　孙桂均
营销支持：周　洋
出版发行：湖南科学技术出版社
社　　址：长沙市芙蓉中路 416 号
网　　址：http://www.hnstp.com
湖南科学技术出版社天猫旗舰店网址：
　　　　http://hnkjcbs.tmall.com
邮购联系：本社直销科 0731-84375808
印　　刷：长沙超峰印刷有限公司
厂　　址：宁乡市金洲新区泉洲北路 100 号
邮　　编：410600
版　　次：2025 年 3 月第 1 版
印　　次：2025 年 3 月第 1 次印刷
开　　本：880 mm*1230 mm　1/16
印　　张：8.75
字　　数：158 千字
书　　号：ISBN 978-7-5710-2793-3
定　　价：65.00 元